한국의
부동산
부자들

세상에 투자한 이들이 부를 얻는다

한국의 부동산 부자들

이동현 지음

원앤원북스

한국의 상위 1% 부동산 부자들!
그들은 세상에 투자했고, 부를 얻었다

"임금님 귀는 당나귀 귀!" 이제는 말하고 싶었다. 지난 십여 년간 자산관리로 유명한 시중은행의 부동산 전문가로 일하면서 수많은 부자를 만나 컨설팅하고 함께 웃고 울었던 기억을 누군가와 공유하고 싶었다. 부자를 꿈꾸는 모든 이들에게 그들만의 리그를 가감 없이 알려주고 싶었다.

하지만 단순히 부동산 투자로 큰돈을 벌었다는 흥미 위주의 가십거리를 소개하려는 것은 결코 아니다. 부동산 투자로 큰돈을 벌게 된 이유와 과정을 상세히 소개하고, 때로는 한순간의 실수로 투자에 실패한 뼈아픈 사례도 이야기하면서 반면교사로 삼으려 했다.

이 책은 크게 4개 파트로 나뉜다. 첫 번째 파트에서는 부자들의 부동산 투자 트렌드를 소개했다. '묻지마 투자'로도 손쉽게 돈을 벌 수 있었던 과거와 달리 변동성이 커진 현재의 부동산시장에서 그들이 찾고 있는 새로운 투자처는 무엇인지 알아보았다.

두 번째 파트에서는 부자들이 말하는 백전백승 투자전략을 담았다. 그들과의 인터뷰는 물론, 어렵사리 확보한 사례를 상세히 분석한 뒤 정리했다. 아울러 부동산 투자로 큰돈을 벌었다는 그들로부터 전해 들은 노하우도 함께 담았다.

세 번째 파트에서는 부자들의 선견지명 투자를 이야기했다. 당장 눈앞의 이익에 연연하지 말고 그들처럼 조금 더 멀리 내다볼 수 있는 안목으로 투자하라는 말을 전하고 싶었다. 높은 수익률에 현혹되어 투자에 실패하는 사례가 적지 않은 만큼 안타까운 세태에 경종을 울리고 싶었다.

마지막 네 번째 파트에서는 성공한 부자들로부터 배우는 투자습관을 담았다. 이 세상에 원인 없는 결과는 없다. 성공이라는 결과물을 얻기 위해서는 반드시 좋은 습관이라는 매개체가 필요하다. 부동산 투자 역시 예외일 수는 없다. 실제로 오랜 기간 시중은행의 부동산 전문가로 한국의 상위 1% 부동산 부자들을 만나보고 지켜본 결과, 부동산 투자로 성공한 부자들에게는 좋은 투자습관이 배어 있다는 점을 쉽사리 찾을 수 있었다.

"시작이 반이다." 무슨 일이든 시작하기가 어렵지 이미 시작한 일을 끝내기는 그리 어렵지 않다. 부동산 투자도 마찬가지다. 이 책이 성공적인 부동산 투자의 시발점이 되었으면 한다. 이 책을 읽는 모든 이들에게 한국의 부동산 부자가 될 수 있다는 꿈과 희망, 현명한 투자자로 거듭날 수 있는 혜안, 투자에 도움이 될 수 있는 실전 노하우를 선물하고 싶다.

이 책을 통해 감사의 말씀을 드리고 싶은 분들이 많다. 먼저 내가 몸담은 자랑스러운 일터, KEB하나은행의 지성규 행장님, 정춘식 부행장님, 박세걸 WM사업단 전무님께 감사의 말씀을 드린다. 그리고 부족한 나를 따뜻한 격려로 성장시켜주신 KB증권 이형일 전무님, 하나금융투자 김성엽 상무님께도 고마움을 전하고 싶다.

끝으로 항상 든든한 버팀목이 되어주신 부모님과 박사과정을 열성적으로 지도해주신 단국대학교 고석찬 교수님께도 진심으로 감사의 말씀을 드린다.

모쪼록 이 책을 통해 당신도 부자로 거듭나길 바란다.

이동현

CONTENTS ===

PART
1

부자들의
부동산
투자 트렌드

부동산도 성형시대!
부동산을 리모델링하라

"빌딩도 성형해야 미인이 되는 겁니다. 이왕이면 다홍치마라고
예쁜 빌딩이 사람들의 관심을 끌게 되는 건 당연합니다. 게다가
효용성마저 커진다면 빌딩가치가 높아지니 금상첨화죠."

_ 신흥 부동산 부자 P씨(48세)

여기서 '성형'은 '리모델링'을, '미인'은 '투자수익', 즉 '돈'을 의미
한다. 요즘 20~30대 젊은 층에선 남녀를 불문하고 성형이 적지 않은
관심사로 자리하고 있다. 오죽하면 "지금 대한민국은 성형시대, 성형
공화국"이라는 말이 여기저기에서 흘러나오고 있을까. 부동산시장도
예외는 아니다. 다만 그 대상을 사람이 아닌 노후화된 건물에서 찾고
있을 뿐이다.

P씨는 헌집을 사서 개보수한 후 새집 형태로 되파는 행위, 다시 말
해 값싸게 낡은 건물(또는 주택)을 매입해 리모델링한 후 새 건물(또는 새

주택)로 재매각하는 방법으로 신흥 부동산 부자의 반열에 올라설 수 있었다. 특히 서울 성북구 종암동에 있는 역세권 상가건물은 그를 성공한 자산가로 이끌어준 발판이었다.

대기업에서 명예퇴직한 후 창업을 준비하던 P씨. 8년 전 어느 날, 평소 안면이 있던 부동산 중개업자에게서 전화 한 통을 받았다. 건물주의 피치 못할 사정으로 괜찮은 상가건물 하나가 급매로 나왔는데 혹시 투자할 생각이 없느냐는 것이었다. 조만간 지하철역이 개통될 예정이고, 배후상권으로 기존의 아파트 780세대 외에 새로이 1,260세대가 수개월 내 준공을 앞둔 만큼 향후 가치상승 가능성이 매우 크다는 설명도 잊지 않았다. P씨는 부동산 중개업자의 말이 그다지 내키지는 않았지만 일단 현장답사를 해본 후 매입 여부를 판단키로 했다.

면밀한 조사로 알 수 있었던 숨겨진 빌딩의 매력

부동산 중개업자가 소개한 물건은 준공된 지 만 28년 된 3층 규모의 낡은 상가건물이었다. 대지면적이 463m²(140평), 건물 총면적은 926m²(280평)이었으며, 엘리베이터는 따로 없었다. 1층은 중국음식점, 슈퍼마켓, 분식집, 약국 등이 있었고, 2층은 병원과 일부 공실 상태였으며, 3층은 PC방과 당구장으로 채워져 있었던 반면, 지하층은 전체가 공실이었다.

등기사항전부증명서(구 등기부등본), 건축물관리대장, 토지대장, 지적도 등 기본적인 부동산 공적 장부를 통해 물건분석을 끝낸 P씨. 이어서 인근 부동산 중개업소를 방문해 시세조사와 상권분석까지 마쳤다. 이제 매입 여부만 판단하면 되는 상황이었다. 일련의 조사 및 분석 과정에서 P씨는 투자에 흥미를 느낄 만한 몇 가지 사실을 찾았다.

첫째, 소개받은 상가건물은 아파트단지(기존 780세대+ 신규 1,260세대)로 진입하는 초입에 자리 잡고 있어 매우 안정적인 상권 확보가 가능했다. 배후지 2,040세대 아파트 입주민들이 출퇴근이나 등하교 시 반드시 상가건물 앞으로 지나다녀야 한다는 점은 상권의 안정적 확보로 연결될 수 있다.

둘째, 도보 5분 거리 내 지하철역 개통이 예정되어 상권의 활성화를 기대할 수 있었다. 상권의 활성화를 위해서는 상가 앞으로 지나다니는 유동인구수가 매우 중요한데, 지하철이 개통될 경우 과거 마을버스나 승용차를 이용했던 사람들 중 적지 않은 사람들이 지하철을 이용할 것으로 예상되었다. 이에 따라 상가 앞 유동인구는 더욱 늘어날 수밖에 없다. 실제로 유동인구 증가는 상권 활성화 및 매출액 증가로 이어졌고, 이는 곧 임대료 상승으로 되돌아왔다.

현재의 모습보다 미래의 가치를 파악하라

셋째, 건물의 외관은 낡고 노후화했지만 비교적 튼튼하게 건축되어 뼈대가 튼튼했고, 무엇보다 대지면적이 넓은 반면 건물의 총면적은 작아 증축 또는 리모델링 시 효용성이 매우 커 보였다. 실제로 P씨가 토지이용계획확인서를 열람해본 결과 제3종일반주거지역이었는데, 서울시의 경우 제3종일반주거지역의 건폐율은 50%이고 용적률은 200% 이상 300% 이하다. 이를 감안하면 현재 3층 규모의 건물은 향후 2~3개 층을 증축할 수 있으며, 총 5층 내지 6층 규모로 확장 가능해 보였다. 당연히 이는 임대면적 및 임대수입의 증가로 이어질 것이 자명했다.

넷째, 임대현황을 살펴보니 8년 이상 된 장기임차인이 많았던 반면, 임대료 수준은 주변 시세보다 적어도 30% 이상 저렴했다. 건물의 외관이 낡았음을 감안하더라도 지나치게 낮은 금액이었다. 게다가 임차인들 중 일부는 임대인(건물주)과 개인적 친분이 두터워 오랜 기간 동안 임대료 인상이 없이 지내온 상태였다. 이런 상황은 P씨에게 오히려 매력 포인트이자 호재거리였다. 즉 소개받은 상가건물의 경우 상권이 양호한 만큼 건물의 외관을 수리한 후 임차인을 바꾼다면 큰 폭의 임대료 증액도 가능해 보였기 때문이다.

그로부터 며칠 후 P씨는 소개받은 급매물성 근린상가건물을 시세보다 다소 저렴한 24억8천만 원에 매입하기로 계약했다. 또 잔금 중 11억 원은 은행대출을 이용했다. 합의된 부동산 중개수수료(매매가의 0.4%)와 취득세(매매가의 4.6%)를 포함하더라도 총 26억 원을 넘기지 않았다. 그리고 P씨는 다시 1년 6개월 후 5억 원을 들여 3개 층 증축공사를 포함한 대규모 리모델링 공사까지 마쳤다.

8년이 지난 2019년 현재, 해당 건물의 시세는 75억 원 이상을 호가하고 있다. 매월 들어오는 임대료 3,200만 원을 제외하고도 부동산

가치상승으로 인한 투자수익률만 무려 142%에 달한다. 여기에 덧붙여 대출금 11억 원(연 3.2% 수준)에 대한 레버리지 차입 효과까지 감안한다면 투자수익률은 훨씬 높다. 리모델링한 부동산으로부터 P씨가 얻고 있는 투자수익률은 누가 봐도 대박임이 틀림없었다.

기존 건물을 증축해 다시 쓰는 리모델링.

각종 규제 적용도 받지 않아

리모델링은 부동산 가치를

극대화시킬 수 있는 투자기법이다.

현재가 아닌 미래를 위해 리모델링하라.

부자들은 지금
꼬마빌딩에 투자한다

"조물주 위에 건물주라고 하던데, 은퇴를 코앞에 둔 만큼 꼬박
꼬박 월세가 나오는 알짜배기 꼬마빌딩을 찾고 있습니다. 물론
매입 후 가격 상승까지 기대할 수 있다면 더할 나위 없겠죠."

_현직 대기업 CEO A씨(59세)

　　최근 몇 년 사이 돈 좀 있다는 부자들 사이에서 이른바 '꼬마빌딩'
으로 불리는 5층 이하 소형빌딩이 큰 인기를 끌고 있다. 저금리 시대
를 맞아 시중에 부동자금이 넘쳐나는 가운데(2019년 상반기 기준 1,200조 원
추정) 마땅한 투자처를 찾지 못한 부자들의 수익형부동산 선호현상과
관련 깊다. 주식처럼 변동성이 큰 투자형 상품에 비해 상대적으로 안
전하면서도 시중은행의 정기예금 금리(평균 연 2.1~2.3%대)를 크게 웃도
는 비교적 높은 수익률(서울을 포함한 수도권 기준으로 평균 연 4~5%대)을 선보
이고 있기 때문이다.

전통적으로 한국의 부자들은 부동산에 투자하기를 즐겼다. 특히 1970년대 이후 2000년대 중반까지 무려 30~40년간의 고성장 시대를 살아오면서 크고 작은 부동산에 투자해 큰돈을 벌어봤던 부자들 중 상당수는 저성장 시대로 접어든 지금까지도 부동산 투자에 각별한 애정을 가지고 있다. 최근 부자들의 꼬마빌딩 선호현상도 이와 무관치 않음은 물론이다.

다만 부자들이 꼬마빌딩에 투자하는 이유는 조금씩 다른데, 크게 4가지 유형으로 나눠볼 수 있다.

유형1
부동산 불패신화를 이어줄 새로운 유망 투자처

서울 도심지 소재 수백억 원짜리 오피스빌딩 2채를 소유하고 있는 빌딩부자 A씨(73세). 남들에게 알려진 직업은 병원장이지만 지인들에게는 '부동산 박사'로 불릴 만큼 해박한 부동산 지식을 가지고 있다. 특히 지난 30~40여 년간의 다양한 실전 투자경험을 바탕으로 몸소 체득한 노하우와 그에 걸맞은 투자관은 명불허전이다. 시대에 따라 부동산 유형만 바뀔 뿐 투자 타이밍만 잘 잡는다면 부동산 불패신화는 계속된다고 확신하고 있는 그였다.

얼마 전 A씨는 평소 알고 지내던 빌딩 중개업자로부터 꼬마빌딩(매도호가 45억 원) 1채를 추천받아 44억 원에 매입하는 매매계약을 체결했다. 대상 매물은 서울 강남구 논현동 차병원사거리 인근에 소재한 상가빌딩(대지면적 215m²_65평, 건물 총면적 612m²_185평, 지하 1층~지상 5층 규모)이며, 준공된 지 얼마 안 된 신축빌딩이었다.

상권의 배후지로 오피스빌딩과 오피스텔, 단독주택, 다세대 및 연립주택 등이 혼재되어 있지만, 2015년 3월 28일에 지하철 9호선 2단계 연장구간 '언주역'이 새로이 개통되면서 이 일대는 빠르게 오피스타운으로 변모해가고 있는 중이다. 광고대행업체, IT업체, 연예기획사, 스튜디오, 의류패션업체 등이 속속 주변 건물에 입주하고 있기때문이다. 이에 따라 향후 빌딩가격의 상승을 기대할 수 있음은 물론이다.

오랜 기간의 실전 투자경험을 통해 부동산 불패신화를 직접 맛본 A씨. 평소 언론을 통해 도심지 꼬마빌딩이 새로운 유망 투자처로 떠오르고 있음을 익히 알고 있었기에 일말의 망설임도 없이 빌딩매입을 결정할 수 있었다. 그에게 꼬마빌딩은 저성장 시대 부동산 불패신화에 적합한 새로운 유망 투자처였다.

유형2
저금리 기조에 대응한
임대수익 창출 목적

은행원 출신 인터넷 쇼핑몰 사업가 K씨(45세). 5년 전 잘 다니던 직장에서 희망퇴직한 후 몇 번의 사업실패를 거쳐 지금은 연매출 수백억 원대에 달하는 인터넷 쇼핑몰 사업가로 자리를 잡았다. 사업을 하느라 혼기마저 놓쳐버린 그녀. 일평생 혼자 살아가야 할지도 모른다는 걱정 때문에 재산 모으기에 관심이 많다.

하지만 저금리가 장기화되면서 시중은행에 맡겨둔 목돈에 따라붙는 이자가 그녀의 마음을 불편하게 만들었다. 평소 월세가 나오는 수익형부동산 투자에도 관심은 있었지만, 바쁜 일과를 핑계로 실행으로까지는 옮기지 못했다. 그러던 중 우연한 기회에 꼬마빌딩이 부자들 사이에서 인기상품으로 떠오르고 있다는 신문기사를 접하게 되었고, 때마침 지인에게서 소개받은 부동산 중개업자로부터 매물 하나를 추천받게 되었다.

K씨가 중개업자로부터 추천받아 매입한 서울 강남구 역삼동 꼬마빌딩(2016년 준공, 매도호가 72억 원, 실매입가 70억 원)은 대지면적 $291m^2$(88평), 건물 총면적 $810m^2$(245평), 지하 1층~지상 6층 규모로, 유명 건축사의 설계도면에 따라 만들어진 신축건물이었다. 해당 지자체(강남구청)에서조차 외관이 아름다우면서 실용적으로 잘 지어진 빌딩이라고 인정할 정도였다.

또한 지하철 2호선 역삼역 도보 4~5분 거리에 소재한 초역세권빌딩이었으며, 최근 코스닥 상장업체가 건물 전체를 사용하기 위해 시세보다 다소 높은 임대료를 내고 임대차계약(임대수익률은 연 4.8%)을 체결한 알짜배기 우량매물이었다.

K씨에게 꼬마빌딩은 저금리 기조에 대응한 임대수익 창출 목적에 딱 들어맞는 투자처였다.

자녀증여에 적합한
자산형태

돌아가신 부친으로부터 물려받은 유망 중소기업체를 십수 년째 경영하고 있는 알부자 S씨(57세). 그는 동갑내기 아내와 20대 후반의 아들, 20대 초반의 딸과 함께 살고 있다. 그의 자녀사랑은 주변에서 모르는 사람이 없을 정도로 유명한데, 언제나 자녀사랑은 증여를 통한 자산의 이전에 집중되어 있었다.

얼마 전 그는 전속세무사로부터 매월 임대료가 나오는 우량 수익형부동산을 매입해 적정시점(매입한 지 최소 2년이 지난 시점)이 되면 자녀에게 증여하는 게 좋을 것이라는 조언을 받았다.

최근 S씨는 자녀증여의 목적으로 서울 광진구 구의동 올림픽대교 북단 8차선 대로변에 소재한 지하 1층~지상 4층 규모의 꼬마빌딩(대지면적 304m²_92평, 건물 총면적 843m²_255평) 1채를 매입했다. 매도호가 55억원에 나왔지만 매도자의 시급한 자금사정에 힘입어 급매물로 나온 까닭에 50억 원에 매입할 수 있었다. 준공된 지 30여 년이 지났지만 매도자가 3년 전 수억 원을 들여 리모델링한 덕분에 새 건물같이 느껴질 정도로 산뜻했다. 임차인도 안경점, 치과병원, 미술학원, 수학학원 등으로 구성되어 있어 비교적 양호했다.

무엇보다 S씨에게 꼬마빌딩은 자녀증여에 적합한 자산형태이자 투자처로 다가왔다.

자산포트폴리오 구성에 필요한 안전자산

오랜 무명생활을 거쳐 뒤늦게 스타덤에 오른 영화배우 T씨(45세). 최근 몇 년 사이 개봉한 3~4편의 영화가 잇따라 흥행몰이에 성공하면서 큰돈을 손에 쥐게 되었다. 하지만 갑작스럽게 큰돈이 생기자 주변에서 영화제작에 투자하자는 말부터 비상장주식에 투자하면 한몫 잡을 수 있다는 제법 솔깃한 제안까지 이런저런 요구가 하루가 멀다 하고 이어지고 있었다. 하지만 일평생 큰돈을 만져보거나 굴려본 적이 없었던 그였기에 어떻게 해야 좋을지 좀처럼 해답을 찾지 못하고 있었다.

그러던 중 우연찮게 지인의 소개로 알게 된 시중은행의 모 PB(프라이빗뱅커)로부터 자산포트폴리오 구성을 상담받으면서 그 해답을 찾을 수 있었다. 현금성 보유자금 50억 원 중 일부는 정기예금·펀드·보험 등 금융상품에 분산해 넣어두고, 나머지 자금으로 월세가 잘 나오는 꼬마빌딩에 투자하기로 논의한 것이다.

T씨가 얼마 전 매입한 꼬마빌딩은 연예인들이 선호하는 홍대상권 내 소재하고 있는 상가건물(거래가 35억 원)이었다. 서울 마포구 서교동 홍대입구 메인상권 '걷고싶은거리'와 근접해 유동인구가 풍부하다는 장점을 갖고 있었다. 상가건물은 지하 1층~지상 3층 규모로 대지면적은 155m²(47평), 건물 총면적은 261m²(79평)이었다. 특이하게도 건물이 1989년도에 준공되어 노후했지만 1년 전 증축 겸 대수선 공사

를 통해 임차인 교체까지 마무리된 상태였다. 보증금 1억5천만 원에 매월 1,200만 원을 받을 수 있어 비교적 높은 임대수익률(연 4.3%)을 확보할 수 있었고, 임차인도 와인바, 미용실, 푸드스쿨, 퓨전일식집 등으로 구성되어 있어 비교적 양호했다.

최근 언론에서도 종종 소개되고 있는데, T씨 외에도 수많은 연예인들이 도심지 주요 상권 내 입지한 꼬마빌딩을 매입하고 있다. 이는 꼬마빌딩이 그들에게 자산포트폴리오 구성에 필요한 안전자산으로 자리했기에 가능한 일이었다.

저금리 시대를 맞아 꼬마빌딩이
부자들의 새로운 유망 투자처로 떠오르고 있다.
은퇴 이후를 준비하려는 사람들은 물론,
자녀에게 증여하려는 목적으로
투자하려는 사람들에게도 인기다.

신흥부자들의 투자공식:
회사 키워 매각 후 빌딩에 투자하기

"사업 초기에는 마음고생이 심했지만 우연찮게 기회를 잡은 중국 진출이 대박 나면서 탄탄대로를 걸을 수 있었습니다. 하지만 이제 더 이상 가슴 졸이며 살고 싶지는 않습니다. 시원섭섭한 마음이 없지 않지만 임자가 나타났을 때 보유지분을 전량 매각하고 서울 도심지 빌딩에 투자해볼 생각입니다."

_한류 붐을 탄 해외 진출로 큰돈을 벌게 된 의류사업가 D씨(53세)

지난해 하반기 모 일간지에 눈에 띄는 기사 한 편이 올라왔다. "남대문서 화장품 팔아 재산 1조… 한국의 은둔형 부자들"이라는 다소 자극적인 타이틀 덕분인지 사람들의 관심을 끌기에 충분했다. 신문기사에는 총 6명의 은둔형 자산가이자 기업인들이 등장했는데, 이들 가운데 제일 먼저 등장한 인물은 뜻밖에도 L회장(46세)이었다.

그는 2018년 포브스코리아 선정 '한국의 50대 부자'에 깜짝 등장한 인물 중 한 사람으로, 일반인들에게는 다소 낯선 이름일지 몰라도 많은 기업인들 사이에선 이미 대박 난 사업가로 소문이 자자했을 만큼 유명인사였다.

그런데 신문기사에 소개된 여러 명의 등장인물 중 유독 L회장에게 세간의 관심이 쏠렸던 것은 단지 그가 '대박 난 기업인', '포브스에 등장한 재력가', '자수성가한 신흥부자'여서만은 아니었다. 당시 여러 신문기사에서 언급되었듯이, 그가 회사를 키워 자본시장에서 빠져나온 이후 빌딩에 돈을 묻어두는 자수성가형 신흥부자들의 전형적인 투자공식을 밟고 있었다는 사실 때문이었다. 물론 자수성가형 신흥부자들의 이런 투자공식, 즉 '사업성공 → 기업매각 → 빌딩매입'의 공식은 십여 년 전에도 크게 화제가 된 적이 있었던 만큼 이번이 처음은 아니었다.

신흥부자들의 빌딩사냥은 계속된다

먼저 신문기사에 등장한 L회장의 이야기를 간단히 정리해보자. 언론에 따르면, 그는 젊은 날 서울 남대문시장에서 매니큐어와 화장품 소매업으로 뷰티사업을 시작했고, 그 후 1999년 'K코리아'라는 회사를 설립한 후 병·의원 등에 에스테틱 화장품을 본격 납품하면서 자리를 잡았다. 그의 본격적인 성공가도는 2012년 출시한 에스테틱 화장품 브랜드에서 나온 아이크림 상품이 홈쇼핑에서 대박을 치면서 시작되었다. 얼마 지나지 않아 급속도로 성장하고 있는 중국의 화장품 시장에도 진출해 저돌성과 참신함을 무기로 틈새를 적극 공략하면서 그의 사업은 승승장구 그 자체였다. 해가 바뀔수록 매출액과 영업이익이 급신장했음은 물론이었다.

그런데 언론을 통해 뜻밖의 소식이 들렸다. L회장 자신이 만들어 잘 나가고 있던 토종 화장품 브랜드 회사의 지분을 글로벌 기업 등에 연이어 매각해 무려 1조 원에 달하는 현금을 손에 쥐게 되었다는 내용이었다. 아울러 음반제작 및 유통, 연예인 매니지먼트, 영화 투자배급, 부동산 임대 등 새로운 사업에 진출을 시작했다는 소식도 전했다.

무엇보다 많은 사람들이 흥미롭게 봤던 것은 40대라는 젊은 신흥부자가 빌딩매입을 통해 부동산 임대사업에 뛰어들었다는 점이었다. 물론 이전부터 지금까지 한국의 자수성가형 신흥부자들이 종종 즐기던 투자공식 중 하나였지만 말이다.

지금까지 언론을 통해 알려진 바에 따르면, L회장은 2018년 2월경 서울 강남구 논현동 도산대로변(가로수길 맞은편으로 신사역세권)에 위치한 대지면적 1,714㎡(518평_일반상업용지), 건물 총면적 3,210㎡(971평) 규모의 지하 1층~지상 4층짜리 상가빌딩을 780억 원에 사들였다. 매입가격 780억 원을 토지 가격 환산기준으로 계산해보면, 3.3㎡당(평당) 1억5천만원 수준에 달했다.

특이한 점은 계약 당일 곧바로 매매대금 모두를 완납하면서 막강한 현금 동원력을 보여줬다는 사실이다. 다만 부동산업계를 중심으로 주변 시세와 거래사례를 감안할 시 조금 비싼 값에 사들인 것 아니냐는 시각도 있었지만, 그의 강력한 매입의지로 거래성사까지 이어질 수 있었다. 그가 이 빌딩을 다소 공격적으로 매입했던 이유는 빠른 시일 내 임차인(식당, 약국, 한의원 등)을 명도하고 철거과정을 거친 후 15층 규모의 신축빌딩을 올릴 것으로 기대했기 때문이 아닐까.

한편 최근 2~3년 사이 지하철 3호선 신사역 일대 빌딩가격이 급등하는 모양새를 보이고 있는데, 이는 신분당선 연장 개통(강남역~신사역, 2022년 완공 예정)이라는 초대형 호재가 선반영되고 있기 때문으로 해석된다. 이는 L회장이 빌딩매입을 서둘렀던 이유로도 충분해 보인다. 강남 부동산 중개업체들 사이에서 떠도는 소문에 따르면, 그의 빌딩 사냥은 앞으로도 상당기간 이어질 것이라고 한다.

젊은 벤처기업인 H씨의 변신은 빌딩 대박으로 이어져

사실 신흥부자들의 투자공식인 '회사 키워 매각 후 빌딩에 투자하기'는 십여 년 전에도 있었다. 2009년 당시 신문기사를 통해 화려하게 등장했던 젊은 벤처기업인 H씨(43세)의 이야기를 소개해보겠다. 지금은 굴지의 소셜커머스업체의 오너이자 부동산 투자자, 독립야구단 구단주로 널리 알려진 유명인이지만, 과거 그는 온라인게임을 개발해 초대박을 터뜨린 30대 초반의 벤처사업가였다.

언론에 알려진 바에 따르면, 그는 2001년 대학시절 친구들과 함께 고주파를 이용한 아이디어 상품을 개발하는 벤처회사를 차린 후 온라인게임사업과 인연을 맺었고, 2005년 액션게임을 출시해 초대박을 터뜨렸다고 한다. 이러한 여세를 몰아 그로부터 3년이 지난 2008년경 국내 유명 메이저게임업체에 자신의 지분을 모두 매각해 당시로서는 상상하기조차 힘든 1,500억 원 이상의 거금을 손에 쥐었다. 당시 33세의 젊은 청년이 이루어낸 성과였으니 세간의 주목을 받기에 충분했다.

그런데 그가 당시 언론을 통해 크게 주목받게 된 데는 또 다른 이유가 있었다. 무려 885억 원이라는 거금을 주고 이름만 들어도 유명한 모 금융그룹 소유의 대형빌딩(서울 강남구 대치동 삼성역 인근 M빌딩)을 매입했다는 믿기지 않은 사실 때문이었다. 이를 일부 언론에서 다윗이 골리앗을 이긴 사례로 소개했을 만큼 당시로서는 대단한 화젯거리였다.

H씨가 매입한 M빌딩은 주건물(A동)과 부속건물(B동) 2개동으로 구성되어 있으며, 지하철 2호선 삼성역과 근접한 잠실 방면 테헤란로(주소는 서울 강남구 대치동)에 위치했다. 주건물은 대지면적 1,247m²(377평_일반상업용지, 제3종일반주거지역), 건물 총면적 16,723m²(5,058평) 규모의 지하 5층~지상 20층짜리 오피스빌딩이었으며, 부속건물은 대지 928m²(281평), 건물 총면적 4,912m²(1,486평) 규모의 지하 4층~지상 6층짜리 오피스빌딩이었다.

당시 그가 사들인 금액은 건물 총면적(2개동 합계 21,636m²_6,545평) 기준으로 3.3m²당 1,350만 원선이었는데, 이는 2008년 하반기 글로벌 금융위기 여파로 시세(참고로 2008년 글로벌 금융위기 직전 테헤란로 빌딩의 최고 매매가는 3.3m²당 2,200만 원 기록)보다 크게 낮은 가격이었다. 그 당시 부동산업계에서 평가했던 가격이 1,200억 원이라고 하니, 매도자의 구조조정 의지에 힘입어 적어도 시세보다 20~30% 이상 저렴하게 매입했던 사례였다.

더욱 놀라운 사실은 최근 몇 년 사이 인근 한전부지 개발(GBC: 현대자동차그룹 글로벌비즈니스센터, 지하 7층~지상 105층, 높이 569m) 이슈로 이 빌딩의 가격은 부르는 게 값일 정도로 크게 올랐다고 한다. 부동산업계에 따르면, 2019년 현재 이 빌딩의 시세는 2,500억~3천억 원에 달할 것이라고 한다. 게다가 서울시가 현대자동차그룹의 한전부지 개발과 연계해 2023년 완공을 목표로 총사업비 1조3천억 원 규모의 영동대로 지하화사업을 계획하고 있어 이 빌딩의 가격은 향후에도 상승세를 멈추지 않을 것으로 전망된다.

결과적으로 신흥부자들의 투자공식으로 알려진 '회사 키워 매각 후 빌딩에 투자하기'가 적어도 지금까지는 정답이었던 셈이다.

회사를 키워 좋은 조건에 매각한 후
그 자금으로 부동산에 투자하려는
신흥부자들이 늘고 있다.
특히 임대수익과 매각차익을 동시에
기대할 수 있는 서울 강남권 오피스빌딩은
이들이 선호하는 유망 투자처다.

부동산펀드 투자에
관심 많은 젊은 부자들

"부동산에 투자할 때 50대 이상의 전통부자들은 실물부동산에
직접 투자하는 것을 당연하게 여기겠지만 저와 같은 30~40대
젊은 층은 부동산펀드나 리츠(REITs)와 같은 간접투자방식에도
많은 관심을 가지고 있습니다."

_대치동 수능입시학원 원장 M씨(41세)

미국이나 유럽, 일본 등 선진국의 사례를 보더라도 경제규모가 커
질수록, 금융시장이 안정될수록, 그리고 부동산시장이 불안정할수록,
투자자가 실물부동산을 직접 선택하고 매입하는 직접투자방식보다
는 부동산펀드나 리츠처럼 부동산에 금융이 가미된 간접투자방식이
인기를 끈다.

하지만 안타깝게도 우리나라의 경우 간접투자방식은 각종 연기금
이나 보험사와 같은 기관투자자의 전유물로 여겨질 만큼 개인투자자
들에게는 잘 알려져 있지 않다. 더욱이 과거 고도경제성장과 맞물려

토지나 아파트, 상가와 같은 실물부동산에 직접 투자해 큰돈을 벌어 봤던 50대 이상의 전통부자들에게 간접투자방식은 그저 낯설고 관심 밖의 방식일 뿐이다.

새로운 부동산 투자 형태
부동산펀드

하지만 30~40대 젊은 부자들은 다르다. 그들은 대체로 인터넷과 스마트폰을 일상적으로 사용하고 소셜 네트워크 서비스(SNS)를 통해 다양한 정보를 공유한다. 또한 금융지식에도 밝아 부동산펀드나 리츠와 같은 간접투자방식의 부동산 상품에 대한 이해도가 높고 관련 정보의 습득도 빠르다. 정기예금 금리보다 높은 투자수익률 외에도 종합부동산세, 양도소득세, 취득세 등을 부담하지 않고서 부동산에 투자할 수 있다는 장점이 알려지면서 한때 해외부동산펀드가 젊은 부자들에게 큰 인기를 모은 적도 있었다. 물론 지금도 미국, 유럽, 일본 등 선진국 주요 도심지 오피스빌딩을 투자대상으로 하는 부동산펀드는 여전히 인기가 높다.

돌이켜보건대 부동산펀드에 대한 인기는 글로벌 금융위기 여파로 한동안 주춤하는가 싶더니 최근 몇 년 사이 저금리 기조가 공고해지면서 30~40대 젊은 부자들을 중심으로 다시 일고 있는 모양새다. 30~40대 젊은 부자들이 여유자금을 투자할 만한 유망 투자처로 부동산펀드나 리츠와 같은 간접투자방식의 부동산 상품을 찾고 있는 것이다. 실제로 시중은행의 부동산자문센터에도 투자수익률이 괜찮은 부동산펀드를 소개해달라는 젊은 부자들의 주문이 꾸준히 이어지고 있다.

여의도 랜드마크 빌딩 부동산펀드에 투자해 초대박 맞은 M씨

대치동에서 수능전문 입시학원사업에 성공한 기세를 몰아 최근 서울 강남 요지의 꼬마빌딩을 매입해 부동산 임대사업에도 진출한 젊은 부자 M씨. 그녀 역시 2010년 12월경 모 은행을 통해 부동산펀드에 투자했고, 그 덕분에 매년 시중은행의 정기예금이자보다 훨씬 높은 배당수입을 맛볼 수 있었다. 그리고 어느 순간부터 부동산펀드나 리츠와 같은 간접투자방식의 부동산 상품에 투자하기를 즐기게 되었다.

M씨의 첫 번째 투자처는 2010년 12월 여의도 모 증권빌딩을 기초자산으로 한 공모형 부동산펀드였다. 펀드설정대상이 되는 해당 증권빌딩은 지하철 여의도역 도보 3분 거리에 소재한 초역세권 빌딩으로 지하 5층~지상 23층 규모의 랜드마크성 빌딩이었다. 임대차현황을 살펴보니, 매도자 모 금융그룹의 계열사인 증권사(전체 면적의 절반가량 사용 중, 사실상의 리스백조건) 외 유명 다국적 기업, 외국계 증권사, 정부기관, 기타 국내 금융기관 및 금융유관기관 등으로 구성된 우량 임차인들을 보유하고 있었다.

당시 언론에 알려진 해당 증권빌딩의 매매금액은 2,870억 원이었으며, 그중 펀드설정액은 1,580억 원 규모였다. 펀드기간은 총 5년(2015년 12월 만기)이었고, 연 6.5% 수준의 배당수익률이 예상된 상태였다. 다만 부동산펀드를 출시한 시점이 글로벌 금융위기의 여파가 한창 진행 중이었던 시기인 만큼 모집실패에 대한 일말의 우려감은 있었다. 하지만 웬걸! 판매가 시작된 부동산펀드는 당초 예상보다 빠르게 조기마감될 정도로 큰 인기를 모았는데, 이는 그녀를 비롯한 30~40대 젊은 부자들이 부동산펀드 투자에 적극 참여했기 때문에 가능한 일이었다.

부동산펀드 만기인 2015년 12월, 해당 증권빌딩은 펀드 등이 당초 매입한 가격(총 2,870억 원)보다 큰 폭으로 오른 가격(총 4천억 원)에 매각되었다. 펀드기간 동안 받아왔던 임대수익(배당수익) 외 양도차익 실현에 따른 추가 배당수익까지 고려한다면 초대박을 맞은 그녀였다.

그 이후로도 M씨는 서울 종로구 신문로 소재 러시아무역대표부 숙소건물을 대상으로 한 사모형 부동산펀드(2014년 7월 펀드설정, 총 매입예정액 80억 원 중 펀드설정액은 46억 원, 펀드기간 총 5년, 예상 배당수익률 연 7.2%)와 미국 텍사스주 휴스턴시 소재 오피스빌딩을 대상으로 한 사모형 부동산펀드(2014년 9월 펀드설정, 총 매입예정액 1,766억 원 중 펀드설정액은 180억 원, 펀드기간 7년, 예상 배당수익률 연 7.3%) 등에 큰손 투자자로 참여해 안정적인 배당수익을 올리고 있다. 결과적으로 그녀의 잇따른 부동산펀드 투자는 저금리 기조와 맞물리면서 '신의 한 수'로까지 평가받고 있다.

고도경제성장기와 맞물려 부동산으로
큰돈을 벌어봤던 50대 이상의 전통부자들은
실물부동산에 직접 투자하는 방식을 선호하지만,
30~40대 젊은 부자들은 부동산펀드나 리츠 등
간접투자방식에 많은 관심을 가지고 있다.

재건축 투자에
관심 많은 강남부자들

"재건축을 모르면 결코 강남부자라고 말할 수 없습니다. 일반적으로 사람들은 기존 아파트를 매입하거나 청약으로 내 집 마련을 시도하지만, 이른바 '강남부자'들은 대개 재건축을 통해 새집으로 갈아타는 것을 즐깁니다. 내 집 마련과 재테크를 병행하는 데 재건축만큼 매력적인 부동산 상품을 찾을 수 없기 때문입니다."

_재건축 투자로 큰돈을 벌어봤던 강남부자 C씨(62세)

문재인 정부 들어 수많은 부동산 규제가 재건축에 집중되고 있음에도 재건축시장에 대한 투자자들의 관심은 여전해 보인다. 비록 2018년 9·13 부동산 대책이 나온 이후 가격약세를 보이고 있지만, 누가 뭐라 해도 최근 몇 년 사이 아파트 가격을 끌어올린 주인공은 다름 아닌 재건축, 특히 서울 재건축, 좀 더 정확히 집어보면 강남 재건축이라는 것은 삼척동자도 다 아는 사실이 아닌가!

돌이켜보건대 강남 재건축 가격급등은 2014년 9월 박근혜 정부가 주택시장 활성화를 명분으로 재건축연한을 기존의 40년에서 30년으로 단축시키면서 촉발되었다. 재건축연한 10년 단축은 그동안 학군 및 교통, 생활환경 등 주거 인프라가 뛰어나 거주수요는 많았으나 30년 이상 노후화된 아파트가 즐비해 침체 내지 답보상태에 놓여 있던 강남 재건축시장에 단비 그 자체였다.

문제는 서울 강남에 대규모 새 아파트가 들어설 수 있다는 희망이 투기적 가격급등요인으로 변질되었다는 점이다. 주택시장 활성화라는 정부의 당초 기대와는 달리 거주 목적의 실수요와 투자 목적의 가수요가 함께 몰리면서 강남권을 필두로 서울 재건축시장은 부동산 투기의 온상으로 변질되었다.

물론 뒤늦게나마 정부에서 초과이익환수, 조합원 지위양도 제한, 재당첨 제한규정 강화, 안전진단 강화, 분양보증을 통한 분양가 규제 등 실질적이고 다양한 재건축 규제안을 쏟아냈지만 대기수요가 풍부한 강남 재건축시장을 통제하기란 결코 쉽지 않았다. 오히려 재건축 규제에 따른 공급부족(희귀성)이 부각되어 아파트 가격만 더 오르는 기이한 모양새였다. 적어도 사상초유의 부동산 규제책으로 인식되고 있는 9·13 부동산 대책이 나오기 전까지는 말이다.

부자들이 재건축 투자에 관심 많은 것은 경험을 통한 학습효과 때문

사실 부자들이 유독 재건축 투자에 관심 많은 것은 경험을 통한 일종의 '학습효과' 때문이기도 했다. 앞서 인터뷰했던 강남부자 C씨 역시 과거 재건축 투자로 적지 않은 돈을 벌었던 경험을 갖고 있었다. 2002년 봄, 서울 강남구 도곡동에 소재한 재건축 대상 낡은 아파트 2채를 매입했고, 2006년 준공(사용승인) 직후 무려 3배의 가격에 매각해 큰 차익을 남겼다. 강남 재건축 열풍이 본격적으로 불기 이전에 매입했던 만큼 시세보다도 싼값에 2채를 매입할 수 있었고, 더욱이 국내 최고의 브랜드파워를 자랑하는 모 건설사가 시공한 덕분에 2006년 준공과 동시에 매입가의 3배나 되는 가격으로 매각할 수 있었다.

또 다른 강남부자 B씨(56세) 역시 2004년 초여름, 우연히 알게 된 공인중개사의 추천으로 서울 서초구 반포동 재건축 대상 주공아파트 $52m^2$(16평형) 2채를 시세보다 다소 저렴한 가격에 매입해 $82m^2$(25평형) 2채를 배정받았다. 아파트 준공(2008년 12월)으로부터 만 2년이 지난 2010년 12월경 조합원 자격으로 배정받은 2채 모두를 매입가의 2배 수준에서 매각할 수 있었다.

앞선 C씨나 B씨의 투자사례에서 보았듯이 강남부자들에게 재건축 투자는 내 집 마련은 물론, 재테크 차원에서도 늘 관심의 대상이었다. 실제로 인터뷰했던 강남부자들 중 적지 않은 사람들이 한때 재건축 투자로 큰돈을 벌었던 경험을 가지고 있었고, 지금까지도 재건축 투자에 많은 관심을 보이고 있다.

재건축 투자로 큰돈을 번 경험을 가지고 있는 강남부자들에게서 한 가지 공통점을 찾을 수 있었는데, 대체로 그들은 재건축 투자 시 타이밍을 제대로 잡고 있었다는 사실이다. 설령 그것이 운 덕분일지라도 말이다.

재건축 투자는 '타이밍 잡기'란 말이 있다. 조합을 결성한 후 기존의 주택을 철거하고 새로운 주택을 신축해야 하는 재건축의 특성상 최소 5~10년은 바라봐야 하기 때문이다. 재건축은 기본적으로 사업진행속도가 빠를수록 투자가치가 높다. 재건축사업은 여러 단계를 거치면서 추진되고 종료된다. 따라서 사업기간이 짧을수록 좋다.

　만일 사업진행속도가 예상보다 길어지게 되면 결국 그 부담이 고스란히 조합원인 투자자의 몫으로 돌아간다. 실제로 갑작스런 경기불황 여파로 주택시장이 침체되어 사업진행이 보류되었거나 구역지정 이후 조합원 간의 마찰 또는 불화로 조합인가나 사업시행인가를 받지 못해, 그리고 관리처분인가를 제때 받지 못해 낭패를 본 사업장들도 적지 않다. 하지만 재건축 투자로 큰돈을 벌어봤던 강남부자들에게 재건축 투자 시 타이밍 잡기란 그리 어려운 일처럼 보이지 않았다.

강남부자들에게 재건축 투자는 내 집 마련은 물론,

재테크 수단으로 늘 관심의 대상이었다.

한때 재건축 투자로 큰돈을 벌어봤던 사람들은

공통적으로 투자 타이밍 잡기에 매우 능했다.

수익형부동산에 투자하는
은퇴부자들

〜〜〜〜〜〜〜〜〜〜〜〜〜〜〜〜〜〜〜〜〜〜〜〜〜〜

"노후준비는 한살이라도 젊을 때 하는 것이 좋습니다. 얼마 안 남은 은퇴를 고려해 매달 월세가 꼬박꼬박 나오는 수익형부동산에 투자해볼 생각입니다."

_은퇴를 코앞에 둔 중견기업 임원 K씨(55세)

〜〜〜〜〜〜〜〜〜〜〜〜〜〜〜〜〜〜〜〜〜〜〜〜〜〜

"빙하기가 다시 오지 않는다면 틀림없이 100세까지 산다"라는 어느 보험사의 광고처럼, 우리는 지금 이른바 '100세 시대'에 살고 있다. 하지만 오래 살 수 있다는 기쁨도 잠시뿐, 노후생계를 걱정해야 하는 냉정한 현실과 부딪치기 마련이다. 한 직장에서 계속 근무를 하든, 혹은 여러 직장을 전전하든 일반적으로 짧게는 10~20년, 길어야 30~40년을 일할 수 있을 뿐이다. 따라서 다니던 직장에서 자의든 타의든 은퇴를 맞이하게 된다.

은퇴 후 노후자금을 마련했는가? 안타깝지만 대다수 평범한 사람들은 은퇴 이후 최소 30년 이상을 마땅한 노후대책 없이 힘겹게 살아가야 할지도 모른다. 이렇듯 은퇴를 걱정하는 수많은 사람들에게 노후를 위한 재테크는 당장 시작해도 결코 빠르지 않는 일생일대의 과제인 셈이다.

필자는 평소 알고 지내던 몇몇 부자들과의 은퇴 관련 인터뷰를 통해 한 가지 흥미로운 사실을 발견할 수 있었다. 예컨대 돈이 많은 자산가일수록 은퇴 이후를 준비하는 데 보다 적극적이라는 사실이었다. 설령 그것이 보험이나 연금저축 같은 금융상품이 되었든, 월세가 나오는 수익형부동산이 되었든, 은퇴 이후 노후만 보장된다면 방법은 중요치 않았다.

지인들 사이에서 이른바 '은퇴부자'로 소문난 S씨(63세). 5년 전 어느 날, 친목모임에서 모 공기업 부장으로 명예퇴직을 코앞에 둔 그를 만난 적이 있었다. 사실 이전까지만 해도 일면식조차 없었던 사이였지만 은퇴 이후의 노후준비를 화제 삼아 짧지만 속 깊은 대화가 오갈 수 있었다.

정리하자면 S씨는 필자에게 매월 일정한 현금흐름을 확보할 수 있어야 노후가 편안하다는 이유를 들면서 당장 월세가 나오는 수익형부동산에 투자할 것을 권유했다. 고맙게도 이왕이면 한 살이라도 젊었을 때 은퇴 이후를 준비하라는 조언도 잊지 않았다. 결코 남부럽지 않은 자산가였지만 은퇴준비에 만전을 기하는 모습은 매우 인상적이었다.

대규모 아파트단지를 배후로 하는
초역세권 상가에 투자한 S씨

S씨의 대표적인 투자처는 글로벌 금융위기 직후인 2008년 12월 경 급매로 매입한 경기도 성남시 분당구 금곡동 지하철 미금역 초입 1층 구분상가(계약면적 397m²_120평, 전용면적 165m²_50평)였다. 대상 부동산 은 분당선 미금역 초입 코너에 위치한 복합시설빌딩 내 1층 구분상가 로서, 대규모 아파트단지를 배후로 하는 초역세권 상가였다.

비록 상권의 범위가 분당신도시 내로 한정된 지역상권이었지만, 뛰어난 교통여건(도보 2분 거리 초역세권이며 사거리 대로변)으로 접근성이 매 우 좋았다. 또한 배후지 상주인구는 물론, 유동인구도 적지 않아 비교 적 활기찬 상권이라 할 수 있었다. 따라서 임차인 확보 및 교체에도 큰 어려움이 없어 보였다. 하지만 상가 주인이 지병을 앓고 있는 80대 후반의 고령자인 까닭에 사망으로 인해 상속된다면 거액의 세금 발 생이 우려되었고, 결국 수차례의 가족회의를 거쳐 급매물로 나온 상 가였다. 좀 더 자세히 살펴보자.

2008년 12월, S씨는 평소 알고 지내던 공인중개사에게서 지하철 분당선 미금역 초입에 소재한 지상 8층 규모의 복합시설빌딩 1층 구 분상가를 소개받았다. 그가 당시 공인중개사로부터 제시받은 금액은 27억 원으로 주변 시세(32억 원 호가)보다 무려 5억 원이나 낮은 금액이 었다. 상가 주인이 내놓은 가격은 시세보다 15%가량 저렴한 금액이 었음에도 예기치 못한 글로벌 금융위기가 불어 닥치면서 정상가액으 로 거래하기란 쉽지 않은 상태였다. 국내외 경기불황을 몰고 온 글로벌 금융위기가 상가시장을 매도자 우위에서 매수자 우위 거래시장으로 바꿔놓았던 것이다.

임차인은 모 금융기관의 지점이었는데, 보증금 13억 원, 월세 800만 원에 임대해 사용 중이었다. 제안받은 가격인 27억 원에 매입할 경우 보증금(13억 원) 운용수익은 차치하더라도, 실투자금액(14억 원)으로 계산해보니 수익률이 연 6.8%에 달했다. 다만 임대차계약의 종료시점까지 채 7개월도 남아 있지 않은 상태라는 게 마음에 걸렸다. 반드시 추가 연장계약 여부를 확인해야 할 상황이었다.

S씨가 투자를 결정한 3가지 이유

S씨는 며칠간의 장고를 거듭한 끝에 다음과 같은 이유를 들어 추천받은 상가에 투자하기로 결정했다.

첫째, 다니던 직장에서 은퇴를 고민할 시점이 다가오고 있었던지라 노후준비가 절실했다. 아울러 노후준비는 현금흐름을 확보할 수 있는지 여부로 판가름날 거라고 생각했다. 주식, 채권, 부동산 등 여러 가지 투자방안을 놓고 노후준비를 고심했던 S씨. 비록 상대적이지만 안전성과 수익성을 동시에 충족시킬 수 있는 것은 우수한 상권을 가진 수익형부동산뿐이라고 결론지었다.

둘째, 대상 물건은 입지가 워낙 뛰어나다 보니 임대차계약 종료를 7개월가량 앞둔 임차인(모 금융기관) 측에서 재계약에 적극적이었다. 비록 구두약속이었지만 격년으로 연 5% 수준의 임대료 인상을 제시하면서 최소 5년간의 임대차계약 갱신을 원했던 것으로 밝혀졌다. 글로벌 금융위기 직후임을 감안하면 파격적인 임대차조건임에 틀림없었다.

셋째, 실투자금액 14억 원이라는 자금을 마련하는 데 큰 어려움이 없었다. 매입 당시 자금구성을 살펴보니, 현금 및 예금자산 4억 원, 보유 중이던 아파트를 처분해서 만든 돈 6억 원, 보유하고 있던 주식을 처분해서 만든 돈 4억 원이었다.

S씨는 그 후에도 2건의 월세가 나오는 수익형부동산을 추가로 매입했다. 2011년 2월 서울 강남구 테헤란로 이면 소형오피스텔을 3억 2천만 원(당시 보증금 3천만 원, 월세 130만 원 임대 중)에 매입했고, 2012년 11월 서울 영등포구 당산동 소재 소형아파트를 1억7천만 원(당시 보증금 1천만 원, 월세 60만 원 임대 중)에 매입했다.

이렇게 현업에서 은퇴한 S씨는 수익형부동산 3건(1층 구분상가, 소형오피스텔, 소형아파트)을 통해 어느 누구보다 안전한 노후생활을 즐기게 되었다. 2019년 현재, 가치상승은 차치하고 임대 관련 각종 비용(세금, 시설유지비 등)을 공제하고도 매월 들어오는 현금이 1천만 원을 넘어서고 있으니 은퇴부자라는 소문이 결코 낯설지 않은 그였다.

돈이 많은 자산가일수록

은퇴 이후를 준비하는 데 보다 적극적이었다.

그들은 매월 일정한 현금흐름을 확보할 수 있는

수익형부동산에 투자하려는 성향을 보였다.

호불호가 분명한
부자들의 부동산 고르기

"전통적으로 부자들은 부동산을 좋아합니다. 다만 자신들의 입맛에 따라 좋아하는 부동산과 싫어하는 부동산을 구분하고 고르려는 성향을 가지고 있을 뿐입니다."

_명동 사채업자 출신 부동산 알부자 P씨(69세)

유형1

헬스장, 수영장 등 커뮤니티시설을
최고의 주거선택기준으로 꼽은 K씨

외국계기업 CEO인 K씨(47세)는 집을 고를 때 커뮤니티시설을 최우선적으로 고려한다. 현재 그는 우리나라 최고급 주택으로 알려진 서울 성동구 성수동 주상복합 아파트(전용 195m²_59평)에서 7년째 살고 있다. 거주지로서 만족도가 매우 높다고 한다.

사실 그는 지금의 성수동 주상복합 아파트로 이사 오기 전까지, 잠시였지만 서울 서초구 방배동 서래마을 단독주택에서 살아본 적이 있다. 알다시피 서래마을은 프랑스인을 중심으로 외국인 수백여 명과 내국인 부자들이 거주하고 있는 고급주택단지다. 무엇보다 쾌적하고 조용해 친환경 주거지로 인기가 많다. 하지만 안타깝게도 서래마을은 피트니스센터나 실내수영장과 같은 커뮤니티시설이 턱없이 부족해 이를 이용하고 싶어도 마땅히 해결할 곳이 없는 동네였다. 평소 바쁜 일상 속에서도 운동을 통해 스트레스를 해소하고 싶었던 그였지만 집 근처에서는 마땅한 곳을 찾을 수 없었다.

그러던 어느 날, K씨는 모 건설회사에 다니는 지인으로부터 막 입주를 시작한 지금의 성수동 주상복합 아파트를 소개받았다. 평소 커뮤니티시설을 제대로 갖춘 주거지를 동경해왔던 그의 마음을 잘 알고 있었던 지인이 적합한 매물로 추천했던 것이다. 지인의 추천으로 매입한 성수동 주상복합 아파트는 건물 내에 실내수영장, 피트니스센터, 골프연습장을 비롯해 사우나, 북카페, 게스트하우스까지 두루 갖춘 특급호텔식 커뮤니티시설을 자랑하고 있었다. 35억 원에 달하는 집값이 다소 부담스러웠던 게 사실이었지만, 나름 재력을 갖춘 고액연봉자였던 그로서는 전혀 주저할 이유가 없었다.

사실 K씨의 일상을 들여다보면 그가 왜 주거지 내 커뮤니티시설을 최고의 주거선택기준으로 꼽았는지 쉽게 알 수 있다. 우선 평일에는 아침 6시에 일어나 피트니스센터와 골프연습장에서 운동을 마친 후 사우나를 이용하고 집으로 돌아와 가볍게 아침식사를 한다. 이어 직장이 있는 광화문으로 이동해 하루업무를 시작한다. 또한 저녁 6시

퇴근과 함께 비즈니스 약속이 없는 경우 집으로 돌아와 가볍게 저녁 식사를 마치고, 이어서 실내수영장에 들러 가볍게 몸을 푼다. 주말에는 인근 도심공원(서울숲공원)을 가볍게 산책한 후 건물 내 북카페에서 커피 한 잔과 함께 여유로이 책을 읽는다.

가끔씩은 게스트하우스로 지인들을 초대해 파티를 연다. 그뿐만 아니라 그가 살고 있는 주상복합 아파트는 입주민들 간의 내부교류도 활발해 승마, 테니스 등 다양한 입주민 동호회가 운영되고 있었는데, 이 점 역시 그의 마음을 사로잡은 주거선택기준 중 하나였다

유형2
상가빌딩 투자처로
잘 아는 동네만을 고집하는 L씨

유명 대학병원 부원장의 사모님 L씨(62세). 그녀는 요즘 월세가 나오는 50억~60억 원대 상가빌딩을 찾아다니느라 정신이 없다. 재력가라고 소문이 난 까닭인지 상가빌딩을 소개시켜주겠다는 부동산 중개업자가 하나둘이 아니다. 그런데 그녀는 남들과는 조금 다른 시각으로 상가빌딩을 찾고 있었다.

대개 상가빌딩에 투자하려는 사람들은 높은 임대수익률 또는 추후 가격 상승 가능성을 기대하고 접근한다. 하지만 그녀는 달랐다. 연 5%대에 달하는 비교적 높은 임대수익률을 공실 없이 실현하고 있던 서울 광진구 구의동 상가빌딩을 거부했다. 또한 지하철 9호선 연장선

개통을 앞두고 있어 향후 추가적 가격 상승이 기대되는 서울 송파구 잠실동 상가빌딩 역시 거부했다. 이유를 물어보니 다소 황당한 대답이 돌아왔다. 자신이 잘 알고 있는 동네가 아니기 때문이란다.

알고 보니 그녀는 자신이 다니는 미용실이 위치한 서울 강남구 청담동 명품거리나 친구들과 자주 만나는 서울 강남구 신사동 가로수길 인근 상가빌딩을 찾고 있었다. 그녀에게 임대수익률이나 미래가치는 부동산을 고를 때 결코 우선순위가 되지 않았다. 그녀는 부동산을 고를 때 익숙하고 자신이 잘 아는 곳에 위치하고 있는지 여부를 최우선순위로 정했던 것이다.

유형3
상권 확장 기대 지역 노후 부동산을 매입해 신축 또는 리모델링하는 S씨

수도권 소재 건설대학원 교수 S씨(58세)는 서울 도심 및 강남권 곳곳에 수십억 원대에 달하는 빌딩 5채를 가지고 있을 만큼 부동산에 관심 많은 재력가다. 그런데 그에게는 자신만의 독특한 투자원칙이 있다.

그가 내세운 제1의 투자원칙은 서울 도심 및 강남권을 중심으로 상권 확장이 기대되는 곳에 소재한 노후화된 단독주택 또는 근린상가시설을 시세보다 저렴하게 매입한 후 상가빌딩으로 신축하거나 리모델링하는 것이었다. 따라서 그가 원하는 부동산은 노후화된 부동산이지 새 건물이나 이미 좋은 상권이 자리해 비싸게 거래되는 상가빌딩이 아니었다.

실제로 S씨는 이런 방법을 통해 부동산을 매입한 후 임대수익률을 개선시키고 상가빌딩의 가치를 크게 상승시킨 경험을 가지고 있다. 일례로 2005년 4월 서울 강남구 논현동 2층짜리 단독주택을 매입한 후 5층 상가빌딩으로 신축 개발한 사례(단독주택 매입가 17억 원, 공사비 6억 원, 신축 후 빌딩의 2019년 현재 시세 70억 원), 2010년 11월 서울 강남구 역삼동 단층 근린상가시설을 매입한 후 6층 상가빌딩으로 신축 개발한 사례(근린상가시설 매입가 30억 원, 공사비 8억 원, 신축 후 빌딩의 2019년 현재 시세 80억 원), 2012년 12월 서울 마포구 연남동 2층짜리 단독주택을 매입한 후 카페 전용 상가시설로 리모델링한 사례(단독주택 매입가 15억 원, 공사비 2억 원, 리모델링 후 빌딩의 2019년 현재 시세 45억 원) 등이 그랬다.

부자들은 부동산을 매입하기에 앞서
자신의 취향에 따라 좋아하는 부동산과
싫어하는 부동산을 구분하고 고려려는 성향을 보인다.
이들은 주변의 눈치나 분위기에 휩쓸려 투자하기보다는
자신이 좋아하는 부동산에 투자하기를 즐긴다.

부동산 투자도
포트폴리오하라

"우리가 주식이나 채권 같은 금융상품에 투자할 때 분산투자하듯이 부동산에 투자할 때도 골고루 투자해야 합니다. 특정지역이나 특정유형의 부동산에 편중해 매입하는 것은 투자의 기본원칙을 간과한 위험천만한 방법입니다."

_금융권 출신 부동산 부자 H씨(55세)

"달걀을 한 바구니에 담지 마라"는 유명한 투자 격언이 있다. 이 말은 1981년 미국 예일대학교의 제임스 토빈 교수가 노벨경제학상을 수상한 직후 열린 기자회견장에서 처음 언급한 것으로 알려져 있다. 토빈 교수는 투자행위에 관한 포트폴리오이론을 정립함으로써 대중이 금융시장을 이해하는 데 통찰력을 제공한 공로를 인정받아 노벨경제학상까지 수상한 자산선택이론의 창시자 중 한사람이다.

포트폴리오의 사전적 의미는 '여러 장의 서류나 그림을 그린 종이

따위를 한데 모아 끼워 넣은 서류철'이다. 하지만 경제학에서 포트폴리오라는 말은 주식과 같은 투자자산을 분산시켜 투자하라는 의미로 사용된다. 이는 분산투자를 실행함으로서 다양한 수익창출구조를 만들어 투자의 위험을 최소화하자는 취지에서 나온 말이다.

일례로 대표적인 투자자산인 주식의 경우 한두 종목에만 집중하는 투자, 이른바 '몰빵 투자'를 하게 되면 성공할 때는 기대 이상의 큰 수익을 남길 수 있지만, 반대로 실패하게 되면 회복 불가능할 만큼의 엄청난 손해를 입게 된다. 이러한 이유로 상당수 부자들은 주식에 투자할 때 포트폴리오이론에 따라 분산투자하는 것을 기본원칙으로 정하고 있다.

부동산에 투자할 때도
분산투자하는 자산가가 늘고 있다

그럼 부동산은 어떨까? 주식과 달리 부동산은 자연적·인문적 특성(위치의 고정성·부증성·개별성·지역성 등 다양한 제약요인 존재)으로 인해 선택의 폭은 그다지 넓지 않다. 따라서 포트폴리오이론에 입각한 분산투자를 실행하기란 결코 쉬운 일이 아니다. 더욱이 우리나라의 부동산시장은 지금껏 고성장 시대와 함께했기에 그럴 필요성도 없었다. 부동산개발과 함께한 고성장 시대에는 토지나 아파트에 몰빵 투자해도 만사형통이었다.

하지만 근래 들어 자산가들 사이에서 부동산에 투자할 때도 주식

투자 때와 마찬가지로 특정유형(종목), 특정지역에만 집중해 투자하는 것을 피하고, 그 대신 여러 유형의 부동산, 여러 지역의 부동산에 골고루 분산시켜 투자하려는 움직임이 나타나고 있다.

각종 통계자료에 따르면, 우리나라 개개인의 전체자산에서 부동산이 차지하는 비율이 무려 70%에 달한다고 한다. 그럼에도 불구하고 과거 수십 년 전부터 지금까지 부동산에 투자할 때 포트폴리오(분산투자)는 관심의 대상이 아니었고 필요성조차 느끼지 못했다. 사실 이는 부동산 불패신화로 인해 시류나 분위기에 편승한 이른바 '묻지마 투자', '몰빵 투자'로도 최고의 답안이 될 수 있었기에 가능한 일이었다.

하지만 2008년 하반기 글로벌 금융위기가 터진 직후의 강남권 재건축 아파트처럼 특정지역에 소재한, 특정유형의 부동산 가격이 급락을 거듭하자 자산관리 측면에서라도 포트폴리오식 부동산 투자설계가 선행되어야 한다는 목소리가 커져가고 있다.

만일 어떤 정년퇴직자가 노후대비 투자용으로 월세가 나오는 소형오피스텔이 대세라는 소문을 듣고 퇴직금을 포함한 전 자산을 털어 특정지역에 소재한 동일한 오피스텔을 여러 채 신규 분양받았다고 가정해보자. 설령 지금 당장은 분양업자에 의해 잘 맞춰진 임대수익으로 적지 않은 이득을 볼 수 있을지라도 분산투자라는 포트폴리오식 투자관점에서는 분명 잘못된 선택이다. 마찬가지로 재건축단지가 돈 된다는 생각에 이자조차 감당하기가 버거울 만큼 무리한 대출을 받아 특정지역의 재건축 아파트에 몰빵 투자한다면 이 역시 포트폴리오를 외면한 잘못된 부동산 투자행위일 뿐이다.

빌딩에서 아파트, 토지까지
포트폴리오식 투자에 충실한 K씨

알짜배기 중소기업을 경영하고 있는 K씨(59세)는 1999년 IMF 외환위기 직후에 회사를 창립한 벤처기업 1세대다. 또한 누가 봐도 부동산 부자다. 2019년 현재 그가 소유한 부동산 자산은 어림잡아도 500억 원대에 이르니 말이다. 장남이었지만 돌아가신 부친으로부터 물려받은 부동산이 하나도 없었던 그였기에 놀랍기만 하다. 더욱이 대학에서조차 부동산과 동떨어진 전자공학을 전공했던 까닭에 부동산에 관한 전문지식이 크게 부족했던 그였다. 하지만 지금 그는 부동산업계가 인정하는 부동산 투자의 귀재로 통한다.

2001년 당시만 해도 부동산에 문외한이었던 K씨가 부동산 투자에 쉽사리 접근할 수 있었던 계기는 사옥 마련에 대한 욕구였다. IMF 외환위기를 극복하고 국내 경기가 빠른 회복세를 보이자 한동안 공실로 고전했던 강남빌딩들의 사무실 임대료가 급등하기 시작했다. 건물주들은 임대료 급등으로 행복한 비명을 질렀지만, 임차인들은 하루하루가 피를 말리는 고통의 시간이었다.

당시 벤처기업을 경영했던 K씨 역시 임대료 급등에 대한 부담으로 일이 손에 잡히지 않을 정도였다. 그러던 중 지인을 통해 소개받은 부동산 중개업자로부터 서울 강남구 역삼동 대로변에 소재한 지상 4층 규모의 빌딩(대지 545m²_165평)이 경매로 나왔으니 입찰해보라는 권유를 받게 되었고, 과감히 입찰에 참여해 감정가(48억 원)의 78% 수준인 37억 원에 낙찰까지 받았다. 이후 꾸준히 가격 상승이 이어지면서 2019년 현재 해당 건물의 시세는 무려 200억 원에 달한다.

K씨의 두 번째 부동산 투자는 2002년 3월경으로 거슬러 올라간다. 서울 강남구 도곡동에 소재한 노후된 아파트였는데, 강남 재건축 열풍이 불기 직전이었던 까닭에 값싸게 매입할 수 있었고, 이후 2006년 준공과 동시에 무려 3배의 가격에 매각해 큰 차익을 남길 수 있었다. 당시 그가 도곡동 재건축 아파트에 관심을 가졌던 이유는 도로여건 및 거주환경이 뛰어났고 무엇보다 학군이 좋은 만큼 향후 가치상승이 충분하리라는 확신 때문이었다.

이후 그의 투자는 2003년 경기도 분당신도시 구분상가 1층 매입(2019년 현재까지 임대 중), 2004년 경기도 동탄신도시 상업용지 매입(2006년 건설회사에 프리미엄 매각), 2006년 서울 강남구 논현동 단독주택 매입(2012년 근린상가주택으로 신축), 2009년 충남 연기군 일대 토지 매입(2019년 현재 세종특별자치시 편입) 등 다양한 지역, 다양한 유형의 부동산 투자로 이어졌다.

이처럼 K씨가 부동산 투자로 승승장구할 수 있었던 것은 아무리 좋아 보이는 투자지역, 아무리 좋아 보이는 투자물건이라도 몰빵 투자만큼은 절대로 하지 않는다는 포트폴리오식 투자원칙을 철저히 지켜왔기에 가능한 일이었다.

근래 들어 자산가들은
부동산에 투자할 때도 주식투자 때와 마찬가지로
다양한 지역에 소재한, 다양한 유형의 부동산에
분산투자하려는 경향을 보이고 있다.
그들은 포트폴리오이론에 충실함으로써
리스크를 제거하거나 감소시켜
안정적으로 투자수익을 창출하려고 한다.

PART
2

부자들이 말하는
백전백승(百戰百勝)
투자

최고의 투자는
가장 값싸게 매입하는 것이다

"부동산으로 큰돈을 벌어본 사람이라면 가장 값싸게 매입하는 것이 최고의 투자라는 것을 잘 알고 있을 것입니다. 만일 당신이 원하던 부동산을 시세보다 저렴하게 매입할 수 있다면 이미 시작부터 차익을 보장받은 것입니다."

_강남 빌딩부자 약사 J씨(60세)

"최고의 투자는 가장 값싸게 매입하는 것이다"라는 말이 있다. 이 말은 주식시장에서 흔히 쓰는 말인데 '가치투자'를 강조할 때 자주 등장한다. 여기서 말하는 가치투자란 기업의 가치를 보고 주가가 그 기업의 가치보다 쌀 때 해당 주식을 매수해서 장기간 보유하는 것을 말한다. 이를 투자의 귀재 워런 버핏은 "1달러 지폐를 40센트에 사는 것"이라고 설명하고 있다.

부동산시장도 예외가 아니다. 우량매물을 시세보다 값싸게 매입하려는 가치투자가 대세로 자리한 지 이미 오래다. 멀리는 IMF 외환위기 시절(1997년), 가까이는 글로벌 금융위기 직후(2008년)로 가치투자가 절정의 빛을 발했다. 그 시절은 부동산시장의 장기침체 여파로 이른바 '값싼 매물'이 쏟아져 나왔던 시기였다. 이때 값싼 매물은 급매물, 경·공매물, 부실채권(NPL)매물, 대물변제매물, 미분양할인매물 등 각양각색의 다양한 이름으로 투자자들을 기다렸다.

만일 현명한 투자자라면 워런 버핏이 주식시장을 대상으로 가치투자를 실현했듯이 부동산시장을 대상으로도 가치투자하기를 주저하지 않을 것이다. 그들은 값싸게 매입하는 가치투자야말로 최고의 부동산 투자전략이고 최고의 재테크 노하우라고 생각한다.

우량부동산을 시세보다 20~30% 이상 값싸게 매입하길 원하는 J씨

앞서 인터뷰한 J씨는 부동산업계에서도 제법 알아주는 유명인사다. 특히 강남권 부동산업계에 종사하는 중개업자라면 모르는 사람이 거의 없을 만큼 명성이 자자하다. 하지만 대외적으로 알려진 그의 직업은 약사다. 물론 속내를 살펴보면, 부동산 개발 및 투자를 업으로 삼고 있는 시행업체의 대표이기도 하다.

그와의 첫 만남은 수년이 지난 지금도 생생히 기억될 만큼 강렬했다. 소문으로만 들어왔던 고수를 가까이에서 바라본 경외감이라고 할까? J씨에게 부동산은 부(富)를 안겨준 너무나도 고맙고 확실한 투자 대상이었다. 사실 부동산 투자에 문외한이었던 그가 이처럼 부동산시장에 자신의 이름 석 자를 알릴 수 있었던 것은 그만의 독특한 투자원칙이 있었기에 가능한 일이었다.

그가 내세운 제1의 투자원칙은 우량부동산을 시세보다 20~30% 이상 값싸게 매입하는 것이었다. 특히 사업체의 부도처리나 건물주의 급박한 자금사정상 소리 소문 없이 급매물로 나온 강남 요지 빌딩은 그가 선호하는 최고의 먹잇감이었다. 물론 이런 그의 독특한 투자원칙은 실제 투자로까지 이어졌고, 십수 년이 지난 지금까지도 부동산업계의 성공사례로 회자되고 있다.

J씨는 지난 16년간 총 3번의 매입과정을 통해 1천억 원대 빌딩 부자로 거듭날 수 있었다. 우선 2003년 2월, 상속인들의 재산분배 과정에서 세금납부를 위해 급매물로 나온 서울 서초구 반포동 대로변 소재 4층 규모의 근린상가빌딩(일반상업지역, 토지 337m²_102평, 건물 1,454m²_440평)을 당시의 정상 시세인 50억 원에서 무려 30%나 할인된 35억 원에 매입했다. 오랜 세월이 흐른 2019년 현재, 이 빌딩의 호가시세는 200억 원에 이른다.

만일 호가시세대로 매각이 실행된다고 가정한다면, 급매로 매입한 지 16년 만에 무려 471% 세전투자수익률(세전양도차익 165억 원)을 달성하게 된다. 이는 통상적인 물가상승률을 감안하더라도 엄청난 투자수익률이 아닐 수 없다.

J씨는 다시 2006년 7월, 건물주를 포함한 일가족 모두가 해외로 이민을 떠나게 되면서 급매물로 내놓은 서울 강남구 청담동 대로변에 소재한 3층 규모의 근린생활시설빌딩(제3종일반주거지역, 토지 363m²_110평, 건물 981m²_297평)을 그 당시의 정상시세인 120억 원에서

25% 할인된 90억 원에 매입했다. 계약일로부터 3주 이내에 중도금 정산과정 없이 잔금을 모두 일시불로 지급해달라는 매도자 측의 대금지급조건을 따른다는 전제하에 할인받은 금액이었다. 물론 그의 경우 돌아가신 부친으로부터 상속받은 거액의 유휴자금이 있었기에 가능한 일이었다.

한때 모 그룹이 청담동 일대 부동산을 대거 매집하면서 주변 부동산 가격이 급등하자 이 빌딩을 280억 원(토지 가격 환산기준으로 3.3m²당 2억 5천만 원선)에 사고 싶다는 매수희망자가 등장한 적도 있었다. 2019년 현재, 이 빌딩은 330억 원을 호가한다.

위기에서도 빛을 발하는 그만의 투자원칙

한편 J씨의 이런 투자행태는 2008년 하반기 발생한 글로벌 금융위기 여파로 부동산 가격이 급락했을 때도 빛을 발했다. 그는 이 시기를 우량매물을 값싸게 매입할 수 있는 절호의 기회라고 판단했다. 이에 따라 2008년 10월, 서울 강남구 삼성동 테헤란로 대로변에 소재한 5층 규모의 오피스빌딩(일반상업지역, 토지 512m²_155평, 건물 2,952m²_893평)을 그 당시의 정상시세인 320억 원에서 33% 할인된 215억 원에 매입했다.

이 빌딩은 모 기업이 사옥으로 사용하던 중 경영난으로 도산 직전까지 내몰리면서 암암리에 나온 급매물이었다. 2019년 현재, 이 빌딩의 호가시세는 테헤란로 대로변에 위치한 오피스빌딩 가격 수준을 감안해 무려 550억 원에 달한다. 만일 호가시세대로 매각이 실행된다고 가정한다면, J씨는 이 빌딩을 급매로 매입한 지 11년 만에 무려 156% 세전투자수익률(세전양도차익 335억 원)을 달성하게 된다.

J씨가 위 사례들에서처럼 부동산 투자의 귀재로 성공할 수 있었던 데는 나름 자신만의 독특한 투자원칙, 즉 "최고의 투자는 가장 값싸게 매입하는 것이다"라는 이른바 '안전마진(Margin of safety)' 개념의 가치투자원칙에 충실했기에 가능했다.

부동산 투자로 큰돈을 벌어본 부자들은
값싸게 매입하기가 최고의 투자덕목이라고 생각한다.
부동산을 시세보다 저렴하게 매입할 수 있다면
이미 시작단계에서부터 차익을 남기는 셈이다.

미래가치가 높은
부동산에 투자하라

"저의 경우에는 부동산에 투자할 때 단기수익에 급급하기보다
는 미래가치를 보고 투자합니다. 비록 당장은 저평가받더라도
향후 가치상승 가능성이 크다면 기꺼이 투자할 것입니다."

_오랜 부동산 투자 실전경험을 가진 Y씨(71세)

부동산에 투자해서 돈 버는 형태는 크게 2가지로 나눠볼 수 있
다. 하나는 '임대수익'이고, 다른 하나는 '매각차익'이다. 임대수익
은 흔히 '월세'라고 불리는데, 상가나 오피스텔, 아파트형공장(지식산
업센터)과 같은 수익형부동산에 투자할 때 투자 판단의 핵심기준으로
삼는다.

이때 투자자가 기대하는 임대수익률(순투자금액 대비 임대수익)은 부동
산 유형별, 지역별로 다소 차이를 보이지만, 일반적으로 시중은행의
정기예금 금리에서 1.5~2.5%를 가산한 수준에서 결정된다. 임대수

익은 임차인이 임대인(소유자)의 부동산을 점유해 사용하는 대가로 임대인에게 지불하는 반대급부(돈)라는 점에서 부동산의 현재가치라고 할 수 있다.

반면 매각차익은 양도차익으로도 불리는데, 상가나 오피스텔, 아파트형공장과 같은 수익형부동산은 물론, 아파트나 단독주택, 빌라, 토지와 같은 비수익형부동산에 투자할 때도 투자 판단의 주요기준으로 삼는다.

다만 매각차익의 경우 투자자가 투자를 결정할 당시에는 매각의 실현 여부 및 실현금액의 범위를 사실상 확정할 수 없다는 점에서 임대수익에 비해 불확실성(변동성)이 큰 편이다. 하지만 불확실성이 큰 만큼 기대되는 수익성도 크다는 점에서 부동산의 미래가치와 밀접하다.

부동산에 투자할 때 보통의 평범한 투자자들은 단기적인 안목에 갇혀 있어 눈앞의 이익(높은 임대수익률, 저가매입 등)에만 급급하다. 이런 이유로 당장의 높은 투자수익이 보장되지 않는 미래가치에 투자하는 것을 버거워 하며 기피하거나 심지어는 쉽사리 포기하려는 경향까지 보인다.

하지만 시쳇말로 부동산으로 큰돈을 벌어봤다는 부자들은 많이 달랐다. 당장 눈에 보이는 현재가치만을 중요시하면서 임대수익률이나 저가매입에 연연하기보다는 향후 매각 시 큰 폭의 차익을 남길 수 있는 부동산, 즉 향후 발전 가능성이 크고 미래가치가 높은 부동산에 보다 큰 비중을 두고 기꺼이 투자하려고 했다.

임대수익보다 미래가치를 내다보고
익선동 단독주택에 투자한 L씨

은퇴한 지 오래되었지만 과거 한때 건축기사로 현장을 누볐던 자산가 L씨(59세). 그가 건축기사로 일했던 시절(1991~2007년, 만 17년간 근무)은 IMF 외환위기 때를 제외하고는 우리나라가 온통 부동산 개발 붐으로 시끌벅적하던 시기였다. 1990년대 초반 수도권 1기 신도시(경기도 분당, 일산, 평촌, 산본, 중동) 개발과 2000년대 초중반 수도권 2기 신도시(경기도 김포, 파주, 동탄, 판교, 광교, 인천 검단, 충남 아산, 서울 송파위례신도시 등) 개발이라는 초대규모의 아파트단지 건설을 중심으로 상가, 오피스텔, 아파트형공장 등 다양한 유형의 부동산들이 속속들이 공급되고 분양되었던 부동산시장의 최대 호황기였다.

그 당시 L씨가 맡았던 업무의 상당 부분은 건축주(개발업자)가 매입한 대지 위에 분양을 목적으로 신축할 아파트나 오피스텔, 상가 등을 설계하고 인·허가를 얻을 수 있도록 자문하고 컨설팅해주는 역할이었다. 그러다 보니 자연스럽게 개발업자의 관점에서 부동산을 관찰하고 분석할 수 있는 수많은 기회를 얻게 되었고, 이때의 경험 덕분에 부동산 투자 시 미래가치를 내다보고 과감히 투자할 수 있는 자신만의 확고한 안목도 가질 수 있게 되었다. 서울 종로구 익선동 단독주택 투자사례는 부동산의 미래가치를 내다보고 신속히 매입을 결정해 자산증식에 성공한 대표적 사례였다.

사연은 이랬다. 은퇴 이후 전통찻집 창업을 꿈꿔왔던 L씨. 4년 전 어느 날, 가게자리를 알아봐달라고 의뢰했던 부동산 중개업체 직원으로부터 때마침 좋은 가게가 나왔으니 함께 가보는 게 어떠냐는 전화를 받게 되었다. 그런데 부동산 중개업체 직원이 소개해준 가게자리는 과거와 현재가 공존한다는 익선동 한옥마을이었다.

당시 익선동 한옥마을은 외국인들이 즐겨 찾는 인사동과 가까이 위치하면서 유동인구가 풍부한 도심(종로3가)에 자리하고 있어 단독주택이 상가로 하나둘씩 변모하고 있던 중이었고, 20~30대 젊은이들의 입소문을 타고 본격적으로 세상에 알려지기 시작할 무렵이었다. 따라서 젊은이들을 대상으로 전통찻집 창업을 생각하고 있었던 그에겐 안성맞춤이었다.

게다가 임대료(월 80만 원)가 주변 시세(월 90만~100만 원)보다 저렴했고 사용면적도 적당해 매력적으로 다가왔다. 가게자리가 너무나 마음에 들었던 L씨는 이제 더 이상 창업을 미뤄야 할 이유가 없었다. 결국 빠른 임대차계약 체결과 함께 인테리어공사까지 서둘러 마침으로써 오랜 꿈을 실현하게 된 그였다.

현재에 만족하지 말고
위기에서 또 다른 기회를 찾아라

그런데 얼마 후 L씨의 귀에 이상한 소문이 들렸다. 집주인 부부가 자녀교육을 위해 캐나다로 이민을 준비 중이며, 이에 따라 익선동 단독주택을 급매물로 내놓을 것이라는 소문이었다. 실제로 인근 부동산 중개업소를 탐문해보니, 집주인은 이민을 서두르고 있었고 심지어 주변 부동산 중개업소 몇 군데를 통해 매물로 내놓은 상태였다. 위기는 또 다른 기회! 다음 날 L씨는 집주인을 만나 자신에게 집을 매각해달라고 제안했다. 물론 부동산 중개업소를 통해 내놓은 가격보다 저렴하게 넘겨달라는 부탁도 잊지 않았다. 그 대신 계약금과 중도금, 잔금의 구분 없이 한 번에 매매대금을 지급하는 일시불 납부조건을 제시했다. 때마침 빠른 시일 내 이민을 떠나야 했던 집주인이 매매조건에 흔쾌히 동의하면서 L씨는 자신이 그토록 갖고 싶어 했던 가게와 함께 부동산도 소유하게 되었다.

2015년 당시 익선동 단독주택의 매매계약서 내용을 살짝 들여다보니, 대지면적은 82m²(25평), 건물 총면적은 60m²(18평)인 1층짜리 단독주택이었다. 토지의 개별공시지가는 3.3m²당 1,200만 원선이었고, 건물은 준공된 지 수십 년이 지난 상태였다. 주변 부동산 중개업소를 탐문해 가격을 조사해보니, 건물은 낡고 오래되어 가격을 전혀 인정받을 수 없었고, 오로지 토지 가격(시세는 3.3m²당 2,500만~2,600만 원, 총 6억3천만~6억5천만 원)으로만 평가받을 수 있었다.

L씨는 집주인에게 오래된 건물이라 수선할 것이 많고 향후 임대에도 어려움이 클 것이라는 점을 집중적으로 어필했고, 그와 동시에 시세보다 다소 저렴한 가격이지만 매매대금 지급조건이 좋은 자신에게 팔아줄 것을 간청했다. 결국 그는 자신이 의도한 대로 집주인과 매매계약을 체결할 수 있었다. 그로부터 4년이 지난 2019년 현재, 익선동 단독주택은 시세가 2.5배 이상 오른 3.3m²당 6,250만~6,500만 원(총액 15억6천만~16억3천만 원)을 호가하고 있다. 익선동 한옥마을이 불과 3~4년 만에 가격급등을 맛본 것이다.

한 가지 재밌는 사실은 2004년부터 추진되어온 익선동 재개발사업이 2014년 사업성 부족, 주민 간 이견, 보상문제 등으로 사실상 무산(조합설립추진위원회 해산)되면서 기존 한옥을 개조한 레스토랑, 카페, 찻집, 호프집, 맛집 등이 하나둘씩 들어오기 시작했다는 점이다. 급기야 20~30대 젊은이들의 SNS 입소문을 타고 특색 있는 유망상권으로 확대되어 미래가치는 계속 오르고 있다.

부동산으로 큰돈을 벌어봤다는 부자들은
당장 눈앞에 보이는 현재가치에 연연하기보다는
향후 매각차익까지 고려해 성장 가능성이 크고
미래가치가 높은 부동산에 투자하는 경향이 있다.

부동산은 시간 싸움이다, 타이밍에 투자하라

> "모든 투자에는 타이밍이 중요합니다. 부동산 투자 역시 타이밍 투자라 해도 결코 과언이 아닙니다. 부동산 투자는 타이밍으로 시작해서 타이밍으로 끝나기 때문입니다."
>
> _지난 30여 년간 부동산에 투자해 갑부로 거듭난 A씨(63세)

A씨가 들려준 부동산 투자의 핵심은 기회를 얻기 위한 시간과의 싸움에서 승리하는 것이다. 그는 이것을 한마디로 '타이밍'이라고 말한다. 그에 따르면 부동산 투자 시 성공과 실패 여부는 얼마나 정확히 매수 타이밍과 매도 타이밍을 잡아낼 수 있느냐에 달려 있다.

일반적으로 주식이나 채권과 같은 금융상품에 투자할 때 매수나 매도 타이밍은 중요하다. 부동산에 투자할 때도 마찬가지다. 부동산은 실물이면서 세금과도 깊이 연관되어 있어 비교적 장기간 보유할 필요가 있다는 점에서 여타 투자대상물보다 더욱 타이밍이 중요하다.

부동산 투자 시 성공과 실패가 타이밍에 좌우되는 셈이다.

현재 A씨의 직업은 부동산 임대업자다. 하지만 과거 그의 직업은 요식업자였다. 돌아가신 부친에게서 물려받은 서울 종로구 인사동 소재 한식당을 제법 오랫동안 운영했었다. 한식당을 운영하던 1989년 초여름 어느 날, 그는 가게를 찾아온 단골손님으로부터 서울 강남구 압구정동 모 아파트(전용 60m², 매입가격 9,500만 원)를 매입할 것을 추천받으면서 부동산 투자에 첫발을 내딛었다.

그 후 강남시대가 본격화되면서 압구정동 일대 아파트 가격은 천정부지로 치솟았고, 2008년 3월경 10억5천만 원에 매도하면서 최초 투자금액의 10배나 되는 엄청난 수익을 맛볼 수 있었다. 물론 운도 따랐지만 그가 아파트 투자로 큰 수익을 올릴 수 있었던 것은 무엇보다 매수 타이밍과 매도 타이밍이 적절했기에 가능한 일이었다. 강남 아파트 성장기에 매입한 뒤 성숙기에 매도함으로써 최적의 타이밍을 잡아냈고, 이를 통해 최상의 결과를 얻게 된 A씨였다.

수도권 택지지구 미분양 아파트를 매입해 준공 직후 매각하기

A씨의 다음 투자대상은 미분양 아파트였다. 사실 미분양 아파트는 분양에 실패해 수요자를 찾지 못한 매물인 만큼 일반 아파트보다 훨씬 더 보수적인 시각으로 접근해야 한다. 즉 투자에 앞서 미래가치를 내다볼 수 있는 시야를 가지고 철저한 시장분석을 해야만 한다. 잘되

면 '모'가 되지만, 잘못되면 '도'가 될 수도 있기 때문이다. 하지만 미분양 아파트는 청약통장이 필요 없고, 최초 분양가보다 10% 이상 저렴하게 할인된 가격, 부담 없는 대금납부 조건, 취득세 및 양도소득세 감면과 같은 각종 세제혜택 등이 동반되는 경우가 많다. 정말 제대로만 고른다면 투자자에게 훗날 커다란 수익을 안겨줄 수도 있는 틈새 부동산 상품이다.

실제로 A씨는 2004년 초, 대한주택공사(현 LH 한국토지주택공사)가 경기도 용인 동백지구에서 공급한 미분양 아파트(전용 84.5㎡로 전체 1,088가구 중 234가구가 3순위까지 청약 미달) 5채를 매입했다. 그 당시 남들이 꺼리는 미분양 아파트를 그것도 5채나 매입했던 이유는 미래가치 상승에 따른 투자수익을 확신했기 때문이었다.

비록 단기 과잉공급 및 택지개발지구에 대한 정부의 분양권 전매 규제 여파로 일시적인 미분양사태를 겪고 있었지만, 1만 가구가 넘는 신도시급 규모이면서 분양가 경쟁력이 있는 주공아파트(당시 일반 아파트 분양가인 3.3㎡당 680만~700만 원보다 다소 저렴한 3.3㎡당 650만 원선에 분양)라는 점이 좋아 보였다. 게다가 중도금 무이자 조건이었기에 계약금만 납부하면 근 3년(2006년 11월 준공) 동안 자금부담 없이 투자할 수 있다는 점, 무엇보다 서울 및 기타 수도권의 아파트 매매시장이 대체로 가격 강세를 유지하고 있고 택지개발지구 아파트에 대한 인기가 꾸준하다는 점 등이 미래가치를 상승시켜 커다란 투자수익을 안겨줄 수 있는 매력 포인트로 다가왔다.

결국 그는 준공 직후인 2007년 초, 매입가(분양가)에서 거의 2배 상승한 가격에 5채 모두를 매각해 상당한 차익을 남겼다.

한편 A씨는 목 좋은 상가에도 투자해 적지 않은 수익을 올리기도 했다. 그가 선호하는 상가유형은 입주를 눈앞에 둔 단지 내 상가, 그것도 상권이 확보된 대단지 아파트 내 1층 상가였다. 여타 상가에 비해 매도 타이밍 잡기가 비교적 수월하다는 이유에서였다.

실제로 그는 서울 및 경기도, 인천지역에서 아파트를 시공 중인 건설회사 등으로부터 사전에 단지 내 상가의 분양가격, 분양일정 등에 관한 정보를 수집한 뒤 가급적 시세 수준을 넘지 않는 적정한 가격에 분양 매입했다. 물론 이후 큰 욕심 부리지 않고 아파트 입주시점으로부터 가급적 1~2년을 넘기지 않는 기일 내 매각해 제법 큰 수익을 남겼다.

개발계획발표 직후 토지를 매입해 개발효과가 가시화되는 시점에 매각하기

한 가지 흥미로운 것은 부동산 투자대상들 중 A씨에게 가장 큰 수익을 안겨준 것은 다름 아닌 토지라는 사실이었다. 도시기반시설, 특히 도로나 철도(전철 및 지하철)가 개설될 곳에 투자해 많은 수익을 남겼다. 도로부지의 경우 서남부 수도권(경기도 이천, 여주, 평택, 화성 일대)을 대상으로 공장이나 물류센터가 입지하기 좋은 IC 인근지역을 대상으로 한정해 투자했고, 철도부지의 경우 서울 및 서울 근교 소재 지하철(전철) 역세권 일대를 주 대상으로 삼았다.

일반적으로 도로나 철도의 개설로 인한 토지가치의 상승, 즉 투자

이익은 3단계를 거친다. 1단계는 개발계획발표시점, 2단계는 공사착공시점, 3단계는 공사완공시점이다. 물론 여기서 핵심은 매수 및 매도 타이밍을 잡는 것이다. 비록 쉽지 않은 이상론이지만 투자자의 입장에서 가장 완벽한 매수 타이밍은 개발계획발표 직전이고, 최고의 매도 타이밍은 공사완공 직후다.

문제는 확실한 정보를 사전에 구하기 어렵고, 또 공사기간이 예상보다 지연될 수 있어 현실감이 많이 떨어진다는 데 있다. 하지만 그는 달랐다. 욕심을 줄이는 대신 이를 현실성 있게 단순화시켜 자신만의 부동산 투자원칙을 만들었다. 매수 타이밍은 리스크를 줄이기 위해 토지 가격 상승 초기인 개발계획발표 직후로 정했고, 매도 타이밍은 개발효과가 가시적으로 드러나는 공사완공 이후 6개월경으로 정했다.

실제로 그는 지하철 9호선 개통으로 상권이 크게 확대된 서울 강남구 논현동, 역삼동 일대를 중심으로 대지가 넓은 단독주택에 집중적으로 투자했고, 이를 적정시점에 매각해 큰 차익을 남겼다. 타이밍에 투자해 성공한 A씨였다.

부동산 투자는 타이밍 투자다.

정부정책과 경기변동에 대응해

적절한 매수 타이밍과 매도 타이밍을 잡아간다면

성공투자가 담보될 것이다.

큰 수익을 내고 싶다면
역발상으로 투자하라

"부동산으로 큰 수익을 내고 싶다면 역발상으로 투자해야 합니다. 하지만 역발상 투자가 맹목적인 청개구리 투자를 의미하지는 않습니다. 진정한 역발상 투자는 부동산의 미래가치를 내다보고 남보다 한발 앞서 움직이는 겁니다."

_역발상 부동산 투자로 알부자가 된 P씨(59세)

역발상 투자이론의 창시자이자 최고의 투자전문가로 알려진 캐나다 위니펙 출신의 데이비드 드레먼은 군중심리에 휩쓸린 충동적 투자를 가장 위험한 최악의 투자로 경계했다. 그는 오히려 대중들과 역행하는 투자를 즐겼다. 즉 남들이 투자를 꺼릴 때 과감히 투자하고, 남들이 투자하려고 몰려들 때는 반대로 빠져나오는 이른바 '역발상 투자'를 즐겼던 것이다.

P씨 역시 부동산을 대상으로 한 과감한 역발상 투자를 통해 기록적인 수익을 올릴 수 있었다. 지난 20여 년간 몇 차례의 역발상 부동

산 투자로 평범한 직장인에서 알부자로 거듭난 것이다. 그의 대표적인 성공작품은 단독주택에서 나왔다. 사연은 이랬다.

결혼과 동시에 처가가 위치한 경기도 일산신도시를 주거지로 선택했던 P씨. 그런데 당시 그가 다니던 회사가 서울 강남 한복판에 위치한 까닭에 출퇴근 스트레스가 이만저만이 아니라는 사실이 문제였다. 얼마 후 그는 출퇴근으로 인한 시간낭비와 고충을 줄이고자 직장과 가까운 서울 강남구 신사동에 위치한 조그마한 빌라 한 채를 전세로 얻어 이사하게 된다. 당시 그가 새 거주지로 선택한 동네는 지하철 3호선 신사역 이면에 위치해 있으며, 단독주택, 연립주택, 상가건물 등이 혼재한 곳이었다.

그로부터 몇 년 후 새로운 동네에서 평범하게 살아가던 P씨에게 IMF 외환위기라는 또 다른 시련이 찾아온다. 전혀 예상할 수 없었던 국가적 위기였기에 그의 직장생활 역시 고달픔의 연속이었다. 그러던 중 어느 날 우연히 빌라를 소개해줬던 동네 부동산 중개업자로부터 대지 215m^2(65평)짜리 2층 단독주택이 소유자의 사업실패로 급매물로 나왔다는 이야기를 듣게 되었다

남들이 투자를 꺼리는 시점이 우량 부동산을 값싸게 매입할 적기

평소 부동산 재테크에 관심이 많았던 P씨가 알아본 바에 따르면, 해당 지역은 상권이 확장되고 있어 해당 단독주택 역시 향후 상가주

택으로 용도변경될 가능성이 컸고, 만일 그렇게만 된다면 매물로 나온 단독주택의 시세는 최소 2배 이상 오를 수밖에 없었다. 문제는 단독주택이 매물로 나온 시기가 IMF 외환위기가 절정에 달했던 1998년 하반기라는 점이었다. 부동산시장상황은 최악이라고 말할 수 있을 정도였고, 일반 대중들에게 부동산 투자는 기피대상으로 각인되었던 시기였다.

하지만 그의 생각은 달랐다. IMF 외환위기 여파로 남들이 부동산 투자를 꺼리는 시점이야말로 우량 부동산을 가장 값싸게 매입할 수 있는 적기이며, 더욱이 집주인의 피치 못할 사정상 급매물로 나왔다는 점에서 매력적인 투자대상으로 판단했던 것이다. 말 그대로 역발상 투자였다.

결과적으로 그의 판단은 옳았다. 해당 지역은 2005년 이후 상권이 크게 확장되면서 지금은 패션, 카페, 음식점, 화장품 매장 등이 모여 있는 우리나라 최고의 상권 중 하나인 '가로수길·세로수길 상권'으로 변모했으니 말이다.

몇 해 전 P씨는 당시 매입했던 단독주택을 헐고 공사비 7억여 원을 투입해 5층 규모의 상가빌딩으로 재건축했다. 주변 부동산 중개업자들에 따르면, 신축된 상가빌딩의 시세는 최소 70억 원 이상을 호가하고 있다. 또한 임대수요가 풍부해 매월 1,750만 원의 임대수익을 기대할 수 있게 되었다. P씨가 1998년 말 매입했던 당시의 가격이 5억 원 선이었고, 이후 재건축 공사비 7억 원을 추가하더라도 480% 이상의 수익률을 확보한 매우 성공적인 역발상 투자사례다.

거품이 낀 아파트보다
지하철 역세권 나대지에 투자

한편 P씨의 또 다른 성공작품은 토지에서 나왔다. 사실 역발상 투자로 그에게 가장 큰 수익을 안겨준 것은 다름 아닌 토지였다. 그가 투자를 목적으로 토지에 관심을 가지게 된 시기는 이른바 '버블세븐 (강남·서초·송파·목동·분당·용인·평촌)'을 중심으로 아파트 매매가격이 급등세를 보였던 2005년도였다. 당시는 서울과 경기도를 중심으로 아파트 가격이 천정부지로 치솟던 때였고, 무수히 많은 사람들이 재테크로 아파트 투자에 몰두하던 시기였다.

하지만 여기서도 P씨의 생각은 달랐다. 아파트 가격이 수년간 급등했기에 조만간 꺾일 수밖에 없고, 만일 꺾이게 된다면 상당기간 하락을 피할 수 없을 것이라 생각했다. 거품이 잔뜩 낀 버블세븐 지역 아파트에 투자하는 대신 역세권 토지 투자가 유망하다고 생각했던 것이다. 특히 서울의 무게중심이 기존의 종로, 광화문 등을 중심으로 한 도심권에서 테헤란로(강남역~삼성역에 이르는 대로)와 강남대로(신사역~양재역)를 중심으로 한 강남권으로 점차 옮겨가고 있음에 주목하면서 정부의 지하철 9호선 및 신분당선 개통 추진에 신경을 곤두세웠다.

때마침 지하철 9호선 역세권역에 소재한 나대지 257m² (78평)가 매물로 나왔다는 소문이 그에게도 들렸고, 이후 탐문을 통해 해당 토지를 매물로 가지고 있던 부동산 중개업자를 만날 수 있었다. 물론 지하철 9호선 개통 이후 해당 지역의 획기적인 상권발전 가능성을 확신한 그였기에 매도자가 희망하는 가격을 에누리 없이 다주는 과감성도

보였다.

이 역시 결과적으로 그의 판단이 옳았다. 2009년 7월 지하철 9호선이 본격 개통되면서 상권이 크게 확대되었고, 이후 주변 지역의 부동산 가격이 빠르게 상승했다. 특히 건물을 지을 수 있는 나대지나 허름한 단독주택은 찾아보기조차 힘들 정도로 매우 귀해져 매도자가 부르는 가격이 시세일 정도였다.

2005년 해당 토지를 매입했던 당시의 매매가격은 토지 가격 기준으로 3.3m²당 2,500만 원 선이었다. 하지만 14년이라는 시간이 지난 2019년 지금은 3.3m²당 1억 원을 호가하고 있을 만큼 큰 폭으로 상승했다. 더욱이 2015년 3월 지하철 9호선 2단계 노선(신논현역~종합운동장역)이 개통된 데 이어, 2018년 12월 3단계 노선(종합운동장역~보훈병원역)도 개통되어 향후 적지 않은 추가적 가격 상승을 기대할 수 있게 되었다. 이 역시 역발상 부동산 투자가 안겨준 선물이었다. 그 후로도 2~3차례 역발상 투자를 감행한 P씨가 큰돈을 손에 쥘 수 있었음은 물론이었다.

하지만 현명한 부동산 투자자라면 반드시 기억할 것이 하나 있다. 역발상 투자는 맹목적인 청개구리 투자와는 전혀 다르다는 사실이다. 진정한 역발상 투자는 앞서 P씨가 말했던 것처럼 미래가치를 내다보고 남보다 한발 앞서 움직이는 것이다. 아이러니하지만 그런 점에서 역발상 투자는 가치투자라는 말과도 일맥상통한다.

부동산시장이 약세일 때 역발상 투자로
우량 부동산을 값싸게 매입할 수 있다.
반면 매입 이후 부동산시장이 강세로 전환되면
적정시점을 잡아 매각을 고려할 필요가 있다.

과장된 정보를 멀리하고
사실관계에 충실하라

"부동산으로 부자가 되고 싶다면 과장된 정보를 멀리하고 사실
관계에 충실해야 합니다. 만일 누군가가 흘려준 과장된 정보에
현혹되어 사실관계를 확인하지 않은 채 묻지마 투자에 동참했
다면 대박은커녕 쪽박만 찰 것입니다."

_자수성가형 부동산 부자 C씨(59세)

현대사회를 흔히들 정보화 사회라고 말한다. 그만큼 현대사회에서
정보가 차지하는 비중은 절대적이다. 이는 정치, 경제, 문화, 교육, 체
육, 환경 등 모든 사회 분야에 빠짐없이 적용된다.

물론 부동산시장에서도 마찬가지다. 예를 들어 상가를 매입하려면
사전에 물리적 현황정보와 가격정보(매매시세 및 임대료 정보)를 알아보는
것은 기본이고, 배후지 및 유동인구, 상권의 확장 가능성에 관한 정
보가 추가로 확보되어야 한다. 만일 거주를 목적으로 아파트를 매입
하고자 할 때는 사전에 단지에 관한 물리적 정보(층, 향, 동 간 거리)와 가

격정보(매매가격 및 전월세가격), 교통정보(역세권 여부, 버스정류장)는 물론이고, 주거환경정보(유해시설 인접 및 조망권 여부)까지 확보되어야 한다. 반면 토지를 매입하고자 한다면 현황정보보다는 오히려 땅에 대한 미래정보, 즉 개발정보가 훨씬 유용할 것이다.

사실관계 확인을 거치지 않았다면 백해무익, 무용지물일 뿐

앞서 인터뷰한 C씨는 여의도 모 방송국 인근에서 오랫동안 대형한 식당을 운영해온 자영업자다. 하지만 그를 잘 아는 사람들 사이에서는 부동산 박사로 통한다. 사실 C씨의 경우 평소에도 부동산 재테크 서적과 경제신문을 즐겨보고 있었음은 물론이고, 자신이 운영하는 식당에 손님으로 찾아온 방송국 기자들과도 안면을 익혀 적지 않은 경제 및 부동산 정보를 접하고 있었다. 이뿐만 아니라 친분 있는 부동산 중개업소 사장들과 정기적·비정기적으로 꾸준히 친목모임을 갖다 보니 일반인들은 쉽사리 접하기 힘든 디테일한 부동산 정보를 습득하고 있었다.

당연하겠지만 이렇게 습득한 수많은 정보 덕분에 지난 20여 년간에 걸친 부동산 투자는 실패 없는 승승장구 그 자체였다. 피상적으로만 본다면 수많은 부동산 정보를 손쉽게 얻은 덕분에 성공한 투자자로 거듭난 것이었다. 인터뷰를 통해 C씨에게 물었다. 수많은 부동산 정보를 남들보다 한 걸음 앞서 습득할 수 있었기에 부자가 될 수 있었느냐고 말이다. 하지만 전혀 의외의 대답이 돌아왔다. 자신이 부동산 투자로 큰돈을 벌 수 있었던 것은 과장된 수많은 부동산 정보에 현혹되지 않았기 때문이라는 것이었다.

사실 C씨에게는 자신만의 백전백승 투자원칙이 있었다. 즉 남들에게는 아무리 좋아 보이는 부동산 정보일지라도 사실관계의 확인이라는 검증절차를 거치지 않았다면 그에게는 하나도 쓸모없는 무용지물일 뿐이었다. 아니 오히려 백해무익한 정보공해라고 생각할 정도였다. 과장된 부동산 정보를 멀리하고 사실관계에 충실하자는 투자원칙을 고수한 그였기에 오랫동안 실패 없는 부동산 투자가 가능했던 것이었다.

반면 인터뷰한 부자들 중에는 과장된 부동산 정보를 믿고 투자했다가 커다란 손실을 본 안타까운 사연도 있었다. 강남에서 명의로 소문난 피부과 원장 K씨(63세)가 그랬다. 한때 공중파 TV방송에 고정출연하면서 유명세를 타게 되었고, 그 덕분에 명의로 소문이 나면서 지금까지도 환자가 끊이지 않는 그였다. 흔히들 말하는 대박 난 병원의 원장이 된 것이다.

그러나 호사다마라 했던가! 그는 과장된 부동산 정보를 맹신한 채 충분한 사실관계 검증 없이 일단의 토지에 투자했고, 결국 투자실패로 이어져 수억 원을 허공에 날릴 처지가 되었다. 그 때문에 지금도 친구들은 K씨를 부동산 호구라고 부르면서 놀리기까지 한다. 안타까운 그의 사정을 조금 더 자세히 알아보자.

과장된 정보만 믿고
섣불리 투자해 낭패 본 K씨

11년 전 어느 날 K씨는 환자와 의사관계로 알게 된 토지 중개업자로부터 솔깃한 투자정보 하나를 듣게 되었다. 일단의 땅을 소개받은 것이다. 택지개발지구인 덕이지구, 운정지구 및 탄현지구와 인접하고 교차하는 경기도 파주시 야당동 토지(지목: 전, 계획관리지역) $892m^2$(270평)을 $3.3m^2$당 500만 원 수준에서 매입해두면 향후 2~3년 안에 2배 이상의 큰 차익을 남길 수 있다는 말과 함께 극비라면서 개발정보 하나를 흘려줬다. 다름 아닌 투자대상 토지와 인접한 모 교회가 교세 확장을 위해 자신이 권유한 땅을 포함한 약 $4천m^2$(1,210평)을 매입해 예배당 건물을 신축하려고 계획 중이라는 정보였다. 또한 교회 측에서 토지매입을 위해 주변 시세보다 높은 가격인 $3.3m^2$당 1천만 원선까지 자금을 쏠 준비를 마쳤다는 비밀정보까지 덤으로 들려준 것이었다. 말 그대로 쉽게 거절할 수 없는 달콤한 제안이었다.

며칠간 고민을 거듭하면서 연거푸 계산기를 두드려 본 K씨는 결국 토지 중개업자의 제안을 받아들이기로 결정했다. 계약금 10%와 중도금 없는 잔금 90%를 지불하는 조건으로 $3.3m^2$당 500만 원(총 13억 5천만 원)에 매입했는데, 그 당시의 개별공시지가가 $3.3m^2$당 150만 원(총 4억500만 원)인 것을 감안한다면 매우 비싸게 산 셈이었다. 가격조사는 차치하고 현장조차 가보지 않고 매입했다니 그저 할 말을 잃게 할 뿐이다.

하지만 K씨의 기대와는 달리 매입한 땅과 인접한 교회 측에서는 주변 토지매입을 통한 예배당 건물의 신축을 검토한 적은 있었지만 자금사정상 당장 진행하기는 어렵다고 한발을 뺐다. 설상가상으로 토지를 매입하고 1년 뒤 상황은 더욱 악화되었다. 글로벌 금융위기마저 터지면서 경기가 위축되고 부동산시장이 침체의 늪에 빠지게 되자 교세 확장을 위한 예배당 건물의 신축은 사실상 백지화되고 말았다. 사실관계를 미처 확인하지 못한 상태에서 타인의 과장된 정보만을 믿고 매입을 서둘렀던 게 패착이었다.

안타깝지만 2019년 현재, 그가 매입한 토지의 시세는 3.3m²당 200만~250만 원선으로 개별공시지가 수준이며, 이는 그 당시 매입한 원가의 절반에도 채 미치지 못하는 금액이다.

과장된 정보를 멀리하고
반드시 사실관계 여부를 확인하려는
투자습관을 길러야 한다.

신중하게 판단하되
신속하게 실행하라

"부동산 투자로 돈 벌고 싶다면 신중하게 판단하되 신속하게 실행해야 합니다. 투자대상을 정하기 전까지는 신중을 기해야겠지만, 투자대상이 정해지고 나면 남보다 한발 빠르게 움직여야 합니다. 아무리 좋은 매물을 찾아냈더라도 실행이 늦어지는 동안 다른 투자자가 낚아채간다면 모든 것이 헛수고가 됩니다."

_평범한 전업주부에서 부동산 자산가로 거듭난 L씨(49세)

"나비처럼 날아서 벌처럼 쏜다"라는 말을 한 번쯤은 들어본 적이 있을 것이다. 세계 복싱계의 살아 있는 전설 무하마드 알리가 1974년 세계헤비급 챔피언 도전 시합에 앞서 기자들과의 인터뷰에서 나온 말인데, 지금까지도 회자될 만큼 명언으로 남아 있다. 실제로 무하마드 알리는 다른 헤비급 선수들에게서는 찾아보기 힘든 빠른 스피드로 상대방의 혼을 빼앗아 수많은 경기를 이길 수 있었다. 스피디한 움직임을 중요시한 그만의 독특한 복싱패턴을 설명해주는 명언이었다.

필자와 인터뷰한 전업주부 L씨의 부동산 투자관 역시 신속한 실행

을 중요시한다는 점에서 무하마드 알리의 스피디한 복싱패턴을 연상
케 했다.

투자가치 확신한 미분양 아파트를
신속하게 매입한 L씨

L씨의 첫 번째 투자대상은 입주를 불과 1개월 앞에 둔 미분양 아
파트였다. 사연은 이랬다. 평소 부동산 투자에 관심은 많았으나 문
외한이었던 탓에 막상 실행으로까지는 이어가지 못했던 L씨. 그녀는
2004년 초가을 어느 날, 한 지인의 소개로 알게 된 공인중개사로부
터 수도권 미분양 아파트에 투자하면 적지 않은 차익을 얻을 수 있을
것이라는 솔깃한 이야기를 듣게 된다.

그리고 며칠 뒤, 그녀는 경기도 용인 수지구 소재 전용 110m²⁽³⁴평⁾
미분양 아파트⁽분양가 3억9천만 원⁾ 하나를 소개받게 된다. 초보 투자자인
그녀로서는 투자에 실패할지도 모른다는 두려움에 겁도 났었다. 하지
만 수차례 공사현장을 방문하고 현지 부동산 중개업소를 탐문하면서
점차 자신감을 갖게 되었고, 마침내 투자에 대한 판단이 확고해지자
지체 없이 실행으로 옮겼다.

그녀가 현장방문 및 중개업소 탐문을 통해 조사한 바에 따르면, 우
선 총세대수가 1,700여 세대를 구성할 정도의 대단지이고, 국내 굴지
의 대기업 건설사가 시공을 맡았다는 점에서 입주 이후 단지 및 브랜
드 프리미엄을 기대할 수 있었다. 물론 2002년 4월 투기과열지구에

대한 분양권전매제한 여파로 그동안 아파트 분양시장이 다소 위축되었던 게 사실이었다. 하지만 그 이후에도 서울을 포함한 수도권 지역의 아파트 가격은 큰 폭으로 떨어지기는커녕 오히려 서울 강남지역과 경기도 용인 등 수도권 인기 지역을 중심으로 강한 상승세를 지속하고 있었다는 점에서 입주 이후 가격 상승을 기대할 수 있었다. 실제로 이 아파트는 2004년 12월 입주 이후 가격급등이 이어지면서 2007년 2월경에는 최고점인 8억 원을 찍기도 했다.

2006년 11월 초 그녀는 이 아파트를 분양가이자 매입가인 3억9천만 원의 2배인 7억8천만 원에 매각해 적지 않은 차익을 올릴 수 있었다. 첫 번째 투자를 통해 자신감을 얻은 그녀는 그 후 재개발 및 재건축 투자, 택지개발지구 아파트단지 내 상가 투자, 단독주택 매입 상가 건물 개조 등을 통해 많은 돈을 벌 수 있었다.

최근 그녀는 자녀 증여에 따른 절세효과, 연 4%대의 임대수익률과 매각 시 가치상승까지 기대할 수 있는 80억~90억 원대의 강남권 근린상가건물을 물색하고 있다. 마음에 쏙 드는 매물을 찾게 된다면 평소의 투자관대로 신중하게 판단하되 신속하게 실행할 생각이다.

우유부단한 성격 탓에
매각할 절호의 기회를 놓친 P씨

반면 지나치게 신중하고 우유부단해 커다란 손실을 보고 있는 안타까운 사연도 있었다. 인천에서 명의로 소문난 소아과 원장 P씨(57세)가 그랬다. 평소 친절한 환자응대와 세심한 의술로 입소문이 나면서 환자가 끊이지 않아 그의 병원은 언제나 문전성시다. 그 덕분에 적지 않은 돈도 모을 수 있었다. 하지만 안타깝게도 부동산 투자에서만큼은 잘못된 판단(매입)과 우유부단한 성격(매각) 탓에 많은 손실을 보고 있는 그였다.

사연은 이랬다. 1997년 2월 9일은 평소 병원 개업을 꿈꿔왔던 P씨에게 결코 잊을 수 없는 날이었다. 그동안 인천시내에 소재한 종합병원 등에서 소아과 전문의로 의술을 펼쳐왔던 그가 그토록 원했던 자신의 병원을 오픈할 장소를 확정한 날이었기 때문이다. 병원이 들어설 근린상가건물을 매입하기로 계약한 날이었기에 그로서는 병원장이자 건물주로의 등극을 예약한 날이기도 했다.

그가 계약한 건물은 인천 남구 주안7동 재래시장 맞은편 대로변에 소재한 근린상가건물(대지면적 409m²_124평, 총면적 1,090m²_330평, 지하 1층~지상 4층 규모)로서, 상권의 배후지로 단독주택과 연립주택이 밀집되어 있으며 재래시장을 찾는 유동인구도 많아 당시로서는 거액인 9억 원에 거래되었다. 건물을 매입한 후 그의 소아과 병원은 2층에 자리했고, 오픈 이후 만 20년이 지난 지금까지도 환자들로 문전성시를 이룰 만큼 성업 중이다.

하지만 병원이 성업 중임에도 불구하고 근래 들어 P씨의 표정은 어둡기만 하다. 경기불황이 지속되고 있는 가운데 최근 인근지역에 대형할인마트까지 생기면서 재래시장상권 내 있는 이 근린상가건물도 임대에 어려움이 커졌기 때문이다. 실제로 3층과 4층의 경우 주변의 임대료 수준보다 훨씬 저렴한 가격에 임대를 내놓았음에도 경기불황, 상권약화, 건물 노후화(1980년 준공) 등 여러 가지 이유로 1년이 지난 지금까지도 공실상태에서 벗어나지 못하고 있다. 심지어 향후에도 상당기간 임차인을 구하지 못할 수 있다는 소문이 나돌기까지 해서 우울증마저 생길 지경이다.

현재 그는 이 건물을 15억 원에 주변 부동산 중개업소에 내놓았지만 공실 여파로 임대수익률이 현저히 떨어지면서 10억 원에도 매수자가 선뜻 나서지 않고 있는 실정이다. 더욱 안타까운 사실은 2007년 3월경 이 건물을 18억 원이라는 비교적 괜찮은 가격에 매각할 수 있는 기회가 있었지만, 지나치게 신중하며 우유부단한 성격 탓에 신속하게 매각을 실행하지 못했다는 것이다. 결과적으로 부동산 투자에서만큼은 커다란 손실을 피할 수 없게 된 P씨였다.

부동산이라는 상품은 거액이 들어가는 만큼

신중하게 판단해야 하지만,

충분한 검토과정을 거쳐 확신이 설 경우

신속하게 실행해야 한다.

체면보다는
실속에 투자하라

"체면이 밥 먹여줍니까? 만일 부동산 투자로 부자가 되고 싶다면 체면보다는 실속에 투자해야 합니다. 요즘 같은 불황기에도 돈 되는 부동산은 존재하기 마련입니다. 다만 체면보다는 실속, 외형보다는 내실을 중시하는 투자 마인드가 필요합니다."

_부동산 갑부로 거듭난 중고차매매업체 대표 S씨(67세)

중국 최고의 정치가이자 개혁가로 손꼽히는 등소평은 '흑묘백묘론 (검은 고양이든 흰 고양이든 쥐만 잘 잡으면 된다)'으로 대변되는 실용주의 경제 노선을 채택해 중국이 오늘날과 같은 경제대국으로 성장하는 데 초석을 다졌다고 한다. 중국의 미래를 위해 등소평은 지난 수천 년간 이어져온 체면이라는 중국인의 고질병을 과감히 치유하고 경제성장이라는 실속을 챙긴 것이다.

부동산 갑부인 S씨를 지켜보면 성공한 부자들의 부동산 투자방식에서도 등소평의 실용주의노선은 나름 통하는 듯하다. 즉 체면(외형)

보다는 실속(내실)을 중요시한다는 점에서 매우 유사해 보였다. S씨는 지난 25년간 수차례에 걸쳐 크고 작은 부동산 투자를 해왔다. 그럼에도 불구하고 단 한 번의 실패도 없이 성공을 이어갈 수 있었던 까닭은 전적으로 체면을 버리고 실속을 챙겨왔기에 가능한 일이었다.

사실 부동산 갑부 S씨는 보통 사람들과는 사뭇 다른 독특한 투자관을 가지고 있었다. 어쩌면 S씨의 독특한 투자관은 그의 인생관일지도 모른다. 이를 한 문장으로 표현하면 "체면을 버리고 실속을 챙기자" 내지 "체면을 버리면 돈이 보인다"로 요약할 수 있다. 실제로 그는 부동산을 시세보다 저렴하게 매입할 수 있다고 판단되면 체면 때문에 남들이 투자하기를 주저하는 경·공매물이나 부실채권(NPL)매물 혹은 대물변제매물마저 꺼리지 않았다.

대물변제용 매물로 나온
초역세권 오피스텔에 투자하기

S씨의 첫 번째 투자대상은 대물변제용 매물로 나온 오피스텔 24채였다. 사연은 이랬다. 국제봉사단체 모 클럽의 열성멤버였던 그는 같은 회원이면서 동갑내기였었던 전기설비공사업자 P씨와 유난히 돈독한 관계로 지내고 있었다.

하지만 1997년 대한민국이 국가부도위기인 IMF 외환위기를 맞이하게 되면서 두 사람 사이도 자연스레 멀어지기 시작했다. 특히 하청전문 전기설비공사업체를 경영하고 있었던 P씨로서는 급작스런 IMF

외환위기 여파가 치명적이었다. 미분양이 속출하면서 원청업체인 시공사들이 줄도산하자 공사대금을 받을 길이 막막해졌기 때문이다. 운명의 장난이던가! 반면 1991년 이후 중고차매매업을 해왔던 S씨의 경우 경기불황이 오히려 중고차 거래증가로 이어져 초대박을 맛보게 되었다.

전혀 예상치 못했던 성공으로 넉넉한 여유자금을 확보하게 된 S씨. 그러던 어느 날, 자금압박에 시달리던 전기설비공사업자 P씨로부터 공사대금 대신에 확보한 인천 소재 대물변제용 오피스텔 24채를 분양가의 60% 수준에서 매입해달라는 요청을 받게 되었다. 물론 S씨는 주저 없이 이를 받아들였다.

당시 해당 오피스텔 1채의 분양가가 5천만 원선이었고, 거래는 드물었지만 매물로 나온 물건의 시세가 4천만 원에서 4,300만 원 수준이었음을 감안한다면 채당 최소 1천만 원에서 최대 1,300만 원의 투자순익을 바라볼 수 있었기 때문이었다. 또 설령 경기불황 여파로 거래가 활발치 않아 조기에 매도를 하지 못하더라도 인천시청을 배후지로 한 도보 5분 거리 내의 초역세권에 입지한 만큼 임대수요는 꾸준할 것으로 예상되었기에 큰 걱정을 하지 않아도 될 상황이었다. 비록 개별부동산의 규모가 작았고 대물변제용이라 제3자가 바라보는 시선이 곱지 않았지만, 시세보다 매우 저렴하게 나온 매물이었기에 체면보다는 실속을 챙기기로 결심한 S씨였다.

그 후 몇 해 지나지 않아 IMF 외환위기가 끝나고 빠르게 경기가 회복되면서 한동안 분양가 밑으로 추락했던 오피스텔 가격도 분양가 이상으로 상승 반전하기에 이르렀다. 결국 2002년 하반기 무렵 S씨는 매입한 오피스텔 24채 모두를 분양가보다 높은 가격에 매각해 큰 차익을 올릴 수 있었다.

법원경매를 통해 고급 단독주택을 시세의 65%선에 매입하기

S씨가 즐겨 찾는 또 다른 투자대상 중 하나로 법원경매물건이 있다. 사실 그가 법원경매를 통한 부동산 매입에 관심을 가지게 된 것은 2011년 12월경 고등학교 총동문회 송년모임에서 후배이자 경매 컨설팅업체 대표를 만나게 되면서였다. 그 당시 S씨는 2012년 12월경에 치러질 장남의 결혼식을 준비하면서 신혼집으로 서울 성북구 성북동에 소재한 고급 단독주택을 찾고 있던 중이었다. 대지면적 $660m^2$(200여 평) 수준에 2층 규모로 지어진 단독주택으로 남향이어야 하며, 최소 폭 6m 도로에 접해 있어야 하는 다소 까다로운 조건이었다. 그런 이유에서인지 인근 중개업소를 탐문해보아도 가격을 떠나 이런 조건을 갖춘 매물을 쉽게 찾기 어려웠다.

천우신조인가! 때마침 후배로부터 법원경매시장에 적정한 매물이 나왔으니 한번 입찰해보는 것이 어떠냐는 제안을 받았다. 제안받은 경매물건은 대지면적 $638m^2$(193평)에 2층 단독주택으로 최초감정가 28억 원에 나온 후 1회 유찰되어 2회차 입찰을 기다리고 있던 중이었다. 양호한 매물이었음에도 쉽사리 주인을 찾지 못한 이유는 법원경매정보 홈페이지에 인수해야 할 선순위 임차인의 보증금(3억 원)이

기재되어 있었기 때문이었다.

하지만 상세히 조사해보니 주거용 부동산 경매의 경우 선순위 임차인이 소유자의 친인척 등 특수관계인일 가능성이 높아 위장임차인으로 판명되면 낙찰자에게 전가되지 않으므로 큰 문제가 될 것으로 보이지 않았다. 또 설령 낙찰자가 인수해야 할 보증금으로 판명될지라도 이를 입찰금액에 반영시켜 낙찰받으면 자연히 해결될 일이었다.

문제는 엉뚱한 데서 나타났다. S씨의 지인들은 물론 가족들조차 "신혼집을 경매로 사는 게 말이 되느냐!", "경매로 남의 집을 뺏는 게 사람이 할 짓이냐!"는 등 체면을 의식한 걱정스런 조언을 쏟아낸 것이다. 하지만 그의 생각은 달랐다. 우량 부동산을 시세보다 값싸게 매입할 수 있다면 체면보다는 실속을 챙겨야 한다는 생각이었다. 결국 S씨는 시세(35억 원)보다 훨씬 저렴한 가격(23억 원, 시세의 65.7% 수준)에 낙찰받음으로써 체면보다는 실속에 투자했다. 매입(낙찰)할 때부터 이미 큰 차익을 거둔 S씨였다.

체면을 버리면 돈이 보인다.

시세보다 저렴하게 매입할 수 있다면

남들이 체면 때문에 투자하기를 주저하는

매물에도 관심을 가져야 한다.

부동산 투자!
의심하고 확인하라

"성공적인 부동산 투자는 의심하고 확인하는 데서 출발합니다. 만일 당신이 부동산 투자로 부자가 되고 싶다면 남의 말만 믿고 생각 없이 덤벼들기보다는 의심하고 확인하려는 습관을 길러야 합니다. 부동산 중개업자나 매도자의 말만 믿고 별도의 확인절차 없이 섣불리 투자에 나섰다가는 낭패 보기 쉽습니다."

_부동산 투자로 많은 부를 축적한 치과의사 C씨(59세)

우리가 장을 보러 시장에 가게 되면 생선 한 마리, 과일 한 개, 달걀 한 판을 구입할 때조차 상처 난 곳 없이 모양이 예쁜지 눈으로 직접 확인하고, 또 신선도가 의심되면 코로 냄새까지 맡아본 후 가격이 비싼지 여부도 함께 따져본다. 하물며 이들과 비교가 무의미할 만큼 고가인 부동산을 구입할 때 의심하고 확인하는 과정은 너무나 당연한 절차가 아닐까?

그런데 우리가 살고 있는 현실에서는 그렇지 못한 경우가 비일비재하다. 우리나라 속담 "돌다리도 두들겨보고 건너라"라는 말은 매사

조심하고 확인하라는 뜻으로, 이를 부동산 투자에 적용시켜 보면 조금이라도 의심이 생긴다면 실행하기에 앞서 반드시 확인하는 습관을 가지라는 의미로 해석할 수 있다.

의심하고 확인하는 절차 통해 부동산 투자 리스크 예방하기

C씨의 직업은 모 대학교의 외래교수이자 치과의사다. 하지만 지금은 치과의사로서의 명성 못지않게 지인들 사이에서 부동산 투자의 마이더스로 유명세를 떨치고 있다. 우리가 알고 있듯이 마이더스는 그리스신화에 등장하는 왕으로 그의 손에 닿는 사물들은 모두 황금으로 변하게 하는 신비한 능력을 가지고 있었다고 전해진다. 그래서 사람들은 투자의 귀재를 마이더스라고 부르며, 또 그러한 능력을 일명 '마이더스의 손'이라고 부른다.

C씨 역시 부동산 투자에서만큼은 그랬다. 서울 강남권을 중심으로 아파트, 토지, 상가, 오피스텔, 단독주택, 재개발, 재건축, 빌딩 등 다양한 유형의 부동산에 투자해 거액의 재산을 모았다. 현재 그와 그의 가족명의로 등기된 부동산만 얼핏 계산해도 수백억 원에 달할 정도다.

사실 C씨가 부동산에 투자해 별다른 실패 없이 많은 부를 축적할 수 있었던 것은 그만의 독특한 투자원칙이 있었기 때문에 가능한 일이었다. 그는 부동산에 투자하기에 앞서 반드시 의심하고 확인하기를 반복했다. 사전검증작업을 철저히 한 것이다. 선친으로부터 물려받았던 재산이 적지 않았던 덕분에 젊은 날부터 주변의 지인들에게서 종종 부동산 매물을 소개받곤 했었는데, 이때 나름 내세웠던 투자원칙은 중개업자나 매도자의 말만 믿고 무작정 투자에 나서기보다는 리스크 사전제거 차원에서 반드시 매물에 대한 의심과 확인절차를 거치자는 것이었다.

실제로 급매로 나온 우량매물을 소개받았을 때도 직접 현장방문을 통해 의심스러운 점을 해소하고 확인하는 절차를 거쳤다. 검토할 수 있는 시간이 촉박한 급매물일지라도 반드시 의심하고 확인하는 절차를 거쳐 부동산 투자 시 발생할 수 있는 리스크를 사전에 예방코자 했다.

2002년 늦가을, 평소 알고 지내던 부동산 중개업자로부터 경기도 고양시 덕양구 대자동 일대 토지 3필지(지목: 대, 전, 임야) 총 6,150㎡(1,860여 평)를 소개받아 시세(3.3㎡당 50만 원선)보다 훨씬 저렴한 개별공시지가 수준(3.3㎡당 25만 원선)에서 매입한 사례는 의심하고 확인하는 평소의 투자원칙이 안겨다준 성공사례로 볼 수 있다.

C씨가 부동산 중개업자로부터 소개받은 대자동 토지는 비록 개발제한구역(그린벨트)으로 묶여 있었지만, 토지 북측으로 인접한 고양동 일대가 3천여 세대가 들어올 수 있는 대규모 택지지구로 지정되면서 동시에 개발제한구역 해제 및 토지수용보상에 관한 소문이 끊임없이 나돌고 있던 중이었다.

그 역시 부동산 중개업자로부터 이런 소문을 전해 들었음은 물론이었다. 만일 이 소문이 사실이라면 대자동 토지는 가격급등을 기대할 수 있는 매력적인 투자처임이 분명했다. 다만그 이전에도 개발제한구역 해제에 대한 논란이 끊임없이 제기되어왔으나 구체적으로 진행된 적이 단 한 번도 없었기에 그저 조심스러울뿐이었다.

개발제한구역 해제 소문, 직접 눈으로 확인 후 토지 매입

며칠간 고심 끝에 C씨는 자신의 투자원칙대로 의심나는 점들은 직접 눈으로 확인해보기로 했다. 첫째, 개발제한구역 해제 가능성을 확인했다. 개발제한구역으로 지정된 지역에서는 기본적으로 건축물의 건축 및 용도변경은 물론이고, 토지의 형질변경, 토지의 분할, 물건의 적재행위 등을 할 수 없게 되어 소유자의 재산권에 미치는 영향이 적지 않은 게 사실이다.

해당지역 역시 개발제한구역 해제 소문이 오래전부터 나돌고는 있었지만 여러 가지 이유로 지지부진한 상태였다. 당장 개발제한구역 해제 가능성을 확인하기 위해 해당 지방자치단체인 경기도청과 고양시청을 방문해 개발제한구역 담당자를 면담했다. 아쉽게도 이들로부터 해제시기와 관련해 정확한 정보를 얻을 수는 없었지만, 적어도 해제 가능성이 헛소문이 아님을 확인할 수 있었다.

둘째, 향후 지역개발 가능성을 확인했다. 해당 토지가 소재한 대자동 일대는 경기 북부에서 서울로 진입하는 진출입로상에 입지해 있으며, 39번국도 왕복 4차선 덕양대로에 근접해 있어 향후 추가적인 택지개발 시 매우 유력한 지역으로 확인되었다.

셋째, 가격이 비싼지 여부를 확인했다. 당초 매도자 측이 요구한 가격은 개발제한구역 해제 이후의 가치까지 반영해 시세 수준에 육박한 3.3m²당 45만 원이었지만, C씨는 자신이 직접 경기도청과 고양시청을 방문해 확인한 바를 근거로 개발제한구역 해제 가능성은 존재하나 시기가 불확실함을 내세워 개별공시지가 수준인 3.3m²당 25만 원에 매입할 수 있었다.

결과적으로 C씨의 투자는 매우 성공적이었다. 그가 토지를 매입한 후 몇 해 뒤인 2006년 말, 해당 토지는 개발제한구역에서 해제되었다. 물론 그런 만큼 가격도 큰 폭으로 상승했다. 개발제한구역에서 해제된 다음 해인 2007년에는 개별공시지가 기준으로 8배 상승한 3.3m²당 200만 원이었으며, 이를 매입가격 대비 시세가격 기준으로 살펴보면, 무려 12배나 상승한 3.3m²당 300만 원이었다. 2019년 현재, 이 토지는 3.3m²당 600만 원 이상을 호가하고 있다. 초대박임이 분명했다.

부동산 투자는 거액이 들어가는 만큼

남의 말만 믿고 섣불리 접근하기보다는

반드시 의심하고 확인하는 절차를 거쳐야 한다.

돈 먹는 부동산은 버리고,
돈 되는 부동산에 투자하라

"부동산을 통해 부자가 되고 싶다면 돈 먹는 부동산과 돈 되는 부동산을 구분할 줄 알아야 합니다. 돈 먹는 부동산은 과감히 버리되, 돈 되는 부동산은 매입하는 데 주저함이 없어야 합니다."

_오랜 기간의 부동산 투자로 재력가로 거듭난 Y씨(71세)

재력가 Y씨에 따르면 돈 먹는 부동산이란 소유자가 부동산을 보유하는 기간이 길어질수록 금전적 이득을 얻기는커녕 오히려 유·무형의 손실을 입는 부동산을 말한다. 반면 돈 되는 부동산은 사용자에게 만족도를 제공함으로써 소유자에게 정기적으로 금전적 이득을 안겨주거나 소유자가 매각을 원할 때 언제든지 차익을 안겨줄 수 있는 부동산을 말한다.

돈 먹는 부동산과 돈 되는 부동산의 구별은 부동산시장이 호황기(강세장)일 때보다는 불황기(약세장)일 때 확연해진다. 즉 부동산시장 불황기에 돈 먹는 부동산을 가지고 있다는 말은 제 발로 망하는 지름길을 찾아가고 있다는 말로 들리는 반면, 돈 되는 부동산에 투자하고 있다는 말은 부자가 되는 지름길을 걸어가고 있다는 말로 들린다. 다만 돈 먹는 부동산과 돈 되는 부동산을 구분할 때 획일적이고 절대적인 잣대를 들이대기보다는 소유자 및 시장의 상황에 맞춰 상대적인 시각으로 바라보는 게 좋다.

돈 먹는 부동산
큰 평수의 고급 주상복합 아파트만을 고집하는 폼생폼사 L씨

서울 강남구 청담동에서 15년째 연예인 전문 럭셔리 미용실을 운영하고 있는 L씨(55세). 그녀의 가족은 부부와 대학생 딸 1명을 합쳐 모두 3명이다. 그녀는 평소 주변 사람들로부터 '폼생폼사'라는 말을 자주 들어왔다. 현재 그녀는 가족과 함께 서울 강남구 도곡동 소재 전용 164m²(50평) 고급 주상복합 아파트에 살고 있다.

문제는 그녀의 도곡동 주상복합 아파트의 시세가 글로벌 금융위기 직전인 2007년 매입 당시보다 크게 떨어져 있다는 사실이다. 게다가 경기침체 여파로 최근 미용실을 찾아오는 손님마저 눈에 띄게 줄면서 아파트 관리비(매월 200만 원선)마저 제때 납부하지 못하고 1~2개월씩 연체하고 있는 실정이다. 그녀에게 이 주상복합 아파트는 그저 돈 먹는 부동산 그 자체인 셈이다. 하지만 주변 사람들의 시선을 곧잘 의

식하는 폼생폼사 그녀로서는 지금 살고 있는 이 주상복합 아파트를 떠날 마음은 추호도 없는 듯하다. 버틸 수 있을 때까지는 버티겠다는 생각뿐이다.

물론 L씨로서는 12년 전인 2007년 9월경 우리나라 최고급 주거지로 알려진 이 주상복합 아파트를 그 당시 시세인 33억 원에 매입했는데, 지금처럼 가격이 크게 하락할 것이라고는 전혀 예상치 못했을 것이다. 안타깝지만 2008년 하반기 글로벌 금융위기가 터진 이후 우리나라는 경기불황과 부동산시장의 침체를 맞이하게 되었고, 특히 주상복합 아파트는 일반 아파트보다 더 큰 폭의 가격 하락을 감내해야만 했다. 2019년 현재, 이 주상복합 아파트의 시세가 20억~21억 원이라고 하니 그녀로서는 마른하늘에 날벼락을 맞은 셈이다.

하지만 앞으로가 더 큰 문제다. 우리나라 경제가 저성장 기조로 굳어져 가고 있는 가운데, 인구고령화 및 가구분화로 대형 고급주택의 구매수요가 급감하고 있는 반면, 소형주택 위주로의 수요쏠림현상은 심화되고 있기 때문이다. 게다가 주상복합 아파트의 속성상 건물 노후화 여파로 감가가 빠르게 진행될 것이며, 일반 아파트에 비해 상대적으로 낮은 전용률과 높은 관리비 부담 역시 해결될 가능성이 없어보이기 때문이다.

한마디로 돈 먹는 부동산에서 벗어날 기미가 전혀 보이지 않는다. 많이 늦었지만 이제라도 그녀의 과감하고 빠른 선택(처분 또는 갈아타기)이 필요할 뿐이다

월세 나오는 초역세권 꼬마빌딩으로
갈아탄 실속파 병원장 K씨

　판교신도시에서 5년째 부부내과병원을 운영하고 있는 K씨(47세). 그의 가족은 자신처럼 내과의사인 부인과 초등학생 자녀 2명을 합쳐 모두 4명이다. 평소 주변 사람들로부터 생활력 강한 의사부부라는 소리를 자주 듣고 있다. 사실 K씨 부부는 2년 전 일생일대의 중요한 결단을 실행했다. 그리고 그 결단은 매우 성공적인 결과로 되돌아왔다. 사연은 이랬다.

　평소 부동산 재테크에 관심은 많았지만 바쁜 일상을 핑계로 구체적인 실행은 감히 엄두도 내지 않았던 K씨 부부는 2년 전 우연한 기회에 꼬마빌딩이 투자자들에게 인기상품으로 주목받고 있다는 모 경제신문의 재테크 기사를 보게 되었다. 정기예금 금리보다 높은 월세(임대료)를 받을 수 있고, 매각차익도 기대할 수 있는 꼬마빌딩이 유망한 부동산 투자처로 급부상 중이라는 기사였다. K씨 부부는 며칠간의 수소문 끝에 신문기사에 등장한 모 은행 부동산자문센터의 전문가 상담서비스를 받아볼 수 있었고, 몇 번의 상담과정을 거쳐 그해 6월 서울 강남구 논현동 소재 지하 2층~지상 5층짜리 꼬마빌딩(대지 205㎡_62평, 총면적 727㎡_220평)을 매입할 수 있었다.

　K씨 부부가 매입한 논현동 꼬마빌딩은 4년 전 건물주가 사옥으로 사용할 목적으로 전문 건축설계업체에 의뢰해 신축한 빌딩이었는데, 외관이 아름다우면서 매우 실용적으로 잘 지어진 건물이었다. 또

한 지하철 환승역인 강남구청역(7호선 및 분당선)과 도보 5분 거리 내에 소재한 초역세권빌딩이었으며, 임대수익률이 연 5%에 육박하면서도 커피숍(1층), 여행사, 스튜디오, 병원 등 임차인 구성도 비교적 양호한 우량매물이었다. 하지만 건물주의 사업부진이 지속되면서 주변 시세보다 다소 저렴하게 급매물(42억 원)로 나온 상태였다.

사실 K씨 부부에겐 논현동 꼬마빌딩을 매입할 가용자금이 턱없이 부족했었다. 하지만 이는 아파트 갈아타기와 대출로 해결했다. 일단 거주하고 있던 서울 성동구 성수동 아파트(전용 195m²)를 시세 수준보다 조금 싼 30억 원에 매각했다. 그 대신 가족들이 거주할 곳으로 서울 송파구 문정동 소재 아파트(전용 84m²)를 7억 원에 매입했다. 물론 그렇게 하고도 부족한 자금은 매입할 빌딩을 담보로 대출을 통해 해결키로 했다.

얼마 뒤 투자를 실행에 옮긴 K씨 부부는 중도금 없는 1개월 내 잔금 지급조건을 내세워 최초 42억 원보다 다소 할인된 40억 원에 매매계약을 체결했다. 물론 부족한 자금 25억 원은 주거래은행으로부터 대출을 받아 해결하기로 했다. 이 투자안은 대출레버리지효과를 감안할 시 임대수익률이 연 7%대에 달했다. 게다가 강남권 꼬마빌딩의 꾸준한 인기에 힘입어 2019년 현재, 이 빌딩의 가치는 55억 원에 달하는 것으로 파악되었다. K씨 부부에게 이 꼬마빌딩은 돈 되는 부동산 그 자체였다.

시간이 흘러 갈수록 자산가치가 하락하는

돈 먹는 부동산은 과감히 버리되,

향후 자산가치의 상승이 기대되는

돈 되는 부동산에 투자해야 한다.

사람이 몰리는 곳에
투자하라

"부동산으로 돈을 버는 가장 확실한 방법은 사람이 몰리는 곳에
투자하는 것입니다. 사람이 몰리는 곳은 장사하기 좋은 자리가
될 것이고, 이는 곧 상권 활성화로 이어지기 때문에 당연히 부동
산 가격은 오를 수밖에 없습니다."

_성장하는 유망상권에 투자해 큰돈을 벌어들인 A씨(59세)

TV나 라디오 혹은 신문지면에서 "사람이 미래다"라는 모 기업의
이미지 광고를 보거나 들어본 적이 있을 것이다. "사람의 성장이 기
업의 성장을 이끌고, 다시 기업의 성장을 통해 창출된 가치로 사람의
성장을 유도한다"라는 기업 고유의 경영철학을 홍보한 것이라고 한
다. 그런데 만일 이 광고 카피를 부동산 투자에 똑같이 적용해보면 어
떨까?

실제로 부동산 투자로 큰돈을 벌어봤다는 몇몇 부자들과의 인터뷰
를 통해 재미있는 사실 하나를 발견할 수 있었다. 그들에게서 공통적

으로 나온 말 중 하나는 "사람이 곧 돈이다. 사람이 몰리는 곳에 투자하라"는 것이었다. 인터뷰에 응한 A씨 역시 사람이 몰리는 곳에 투자해 큰돈을 벌었다고 말한다.

2003년 삼청동 꼬마빌딩에 투자해 대박 난 A씨

A씨의 대표적인 성공사례 중 하나는 2003년 투자한 서울 종로구 삼청동 꼬마빌딩에서 나왔다. 사연은 이랬다. 어느 날 그는 삼청동에서 미술관을 운영하고 있던 죽마고우로부터 한 통의 전화를 받았다. 운영하고 있는 미술관과 가까운 곳에 위치한 꼬마빌딩이 매물로 나왔는데 목이 좋으니 투자해보는 게 어떠냐는 전화였다. 아울러 이 동네를 찾는 사람들이 눈에 띄게 늘고 있으니 건물을 매입한 후 카페나 레스토랑으로 리모델링해 창업해보라는 조언도 잊지 않았다.

친구가 추천한 매물은 삼청동 총리공관 맞은편 대로변에 소재한 제1종일반주거지역 내 대지면적 231m²(70평), 건물 총면적 192m²(58평) 규모의 2층짜리 근린상가건물이었다. 해당 건물은 매도자인 집주인이 직접 음식점으로 운영하고 있었는데, 자금사정상 어쩔 수 없이 급매물(토지 가격 환산기준 3.3m²당 1,600만 원)로 내놓은 것이었다. A씨가 해당 매물을 접한 2003년 당시의 삼청동 일대는 외지인들이 단독주택들을 하나둘씩 사들여 미술관이나 카페로 개조 중이었으며, 이들 미술관이나 카페를 찾는 젊은이들이 점차 늘어나면서 외식 및 데이트 코스로 이제 막 세상에 알려지기 시작할 무렵이었다.

문제는 동원가능한 자금력이었다. 사실 그 당시 A씨의 재력으로서는 다소 부담스러운 금액(11억2천만 원)이었다. 하지만 장고를 거듭한 끝에 결국 매입을 결정했고, 일부 대출을 통해 이를 실행으로 옮겼다.

다소 부담스러운 거액이 들어감에도 그가 투자를 결심할 수 있었던 이유는 "사람이 몰리는 곳에 투자해야 큰돈을 번다"는 재테크지론 덕분이었다. 해당 매물이 위치한 삼청동사거리는 근거리에 경복궁과 창덕궁, 북촌한옥마을 등이 소재해 있어 젊은이들의 데이트 코스로서뿐만 아니라, 외국인 관광객들의 방문 코스로도 큰 인기를 끌 것으로 예상되었기 때문이다.

A씨의 예측은 정확했다. A씨가 삼청동 꼬마빌딩을 매입한 지 몇 년이 지나지 않아 삼청동 일대는 과거와 현재가 공존하는 곳, 역사와 문화, 예술이 공존하는 곳, 20~30대와 50~60대가 함께 찾는 곳, 내국인과 외국인이 모두 가보고 싶어 하는 곳으로 성장했다. 당연히 그 이후로 삼청동 일대 부동산 가격은 큰 폭으로 올랐다.

젠트리피케이션(상권 활성화로 인한 임대료 상승 때문에 원주민이 밀려나는 현상)이 발생하는 부작용은 안타깝지만, 삼청동 일대는 미술관에서부터 국내외 프랜차이즈 커피숍, 전통찻집, 한식당, 골동품가게, 공방, 편의점, 관광기념품가게에 이르기까지 임차인 구성도 매우 다양해졌다. 인근 부동산 중개업소에 따르면, A씨 소유의 꼬마빌딩이 위치한 삼청동 일대 대로변 상가건물은 토지 가격 환산기준 3.3m²당 1억 원을 호가한다고 한다. 만일 그렇다고 한다면 2003년 A씨가 사들인 이 근린상가건물의 시세는 2019년 현재 70억 원에 달할 것으로 추정된다.

사람이 몰리는 곳은
언제나 유망 투자처

　그 후로도 A씨는 사람이 몰리는 곳을 찾아 부동산 투자를 이어갔고, 이를 통해 빌딩부자로 거듭날 수 있었다. 2007년 서울 강남구 논현동 먹자골목상권 내 근린상가주택을 매입한 후 이를 리모델링한 사례(총투자금액 25억 원, 2019년 현재 시세 65억 원), 2010년 서울 마포구 서교동 홍대상권 내 단독주택을 매입한 후 근린상가건물을 신축한 사례(총 투자금액 45억 원, 2019년 현재 시세 80억 원), 2015년 서울 성동구 성수동 카페거리 내 근린상가건물을 매입한 사례(총투자금액 35억 원, 2019년 현재 시세 55억 원), 2017년 서울 종로구 익선동 한옥마을 내 단독주택을 매입한 후 상가로 리모델링한 사례(총투자금액 12억 원, 2019년 현재 시세 18억 원) 등은 평소 사람이 몰리는 곳이 유망 투자처라는 A씨의 재테크지론이 반영된 대표적인 투자 성공사례다.

사람이 몰리는 곳은 유망 투자처로
장사하기 좋은 자리가 될 것이고,
이는 상권 활성화와
부동산 가치상승으로 이어질 것이다.

부동산도 재화다,
부동산을 살 때도 흥정하라

"시장에 가서 5만 원짜리 옷 한 벌을 살 때도, 혹은 3만 원짜리 운동화 한 켤레를 살 때도 값을 조금이라도 깎아보려고 흥정하는 게 부지기수입니다. 그런데 아이러니하게도 일생일대의 가장 큰 거래라고 말할 수 있는 부동산을 살 때 별다른 흥정의 과정 없이 제 값을 다 주고 사는 사람들이 적지 않습니다."

_강남 일대 여러 채의 빌딩을 보유하고 있는 D씨(67세)

일반적으로 재화의 가격은 수요와 공급이 만나는 곳에서 형성된다. 물론 부동산도 경제재인 만큼 예외일 수는 없다. 즉 공급자와 수요자가 부동산을 사고팔 때 거래되는 가격은 매도자(공급자)가 제시하는 가격과 매수자(수요자)가 희망하는 가격이 합의점에 도달할 때 비로소 결정된다. 문제는 부동산 매매도 물건을 사고파는 거래의 일종이라는 속성상 매도자의 입장과 매수자의 입장이 서로 다른 경우가 다반사라는 것이다. 매도자는 제값 이상 받기를 원하는 반면, 매수자는 조금이라도 값싸게 사고 싶어 한다. 한마디로 '동상이몽'이다.

부동산을 값싸게 매입할 수 있는
원동력은 흥정의 힘

얼마 전 지인의 소개로 부동산 투자로 큰돈을 벌었다는 자산가 D씨를 만났다. 독신인 그녀는 서울 강남 일대 오피스빌딩 2채와 상가빌딩 2채를 보유하고 있었고, 서울 성동구 성수동에 입지한 우리나라 최고급 주상복합 아파트에 거주하고 있었다. 20대라는 젊은 나이부터 가업으로 물려받은 소규모 무역업체를 경영해온 D씨. 사업으로 벌어들인 돈을 틈틈이 부동산에 투자해 큰돈을 모을 수 있었고, 이 거액의 자금으로 강남 일대 빌딩 4채를 매입해 지금은 내로라하는 빌딩 부자로 거듭난 그녀였다.

필자는 그녀와의 대화 속에서 흥미로운 사실 하나를 발견할 수 있었다. 근 40년 넘게 무역업을 하면서 몸에 밴 이른바 '장사꾼 기질'이 그녀로 하여금 부동산을 매입할 때도 흥정이라는 절차를 거치게 했다는 점이었다. 실제로 그녀는 부동산을 매입할 때 반드시 가격흥정의 과정을 거쳤고, 성사된 거래 모두 흥정이 매도자에게 잘 먹혀 적정시세보다 10~20%가량 값싸게 매입할 수 있었다.

일례로 3년 전 D씨는 상속이슈 때문에 급매물로 나온 서울 강남구 삼성동 대로변 소재 7층짜리 오피스빌딩을 시세 280억 원(토지 가격 환산기준 3.3m²당 1억 원)보다 훨씬 저렴한 210억 원(3.3m²당 7,500만 원)에 매입할 수 있었다. 적정시세보다 무려 70억 원이나 값싸게 매입했던 것이다. 그녀가 해당 빌딩을 이처럼 값싸게 매입할 수 있었던 데는 이른바 '흥정의 힘'이 크게 작용했음은 자명했다.

D씨는 평소 알고 지내던 공인중개사로부터 삼성동 소재 오피스빌딩을 급매물이라며 소개받았다. 건축물관리대장을 통해 물건내역을 살펴보니, 대지면적 926m²(280평), 건물 총면적 3,801m²(1,150평), 지하 2층~지상 7층 규모로 1988년 5월에 지어진 오피스빌딩이었다. 비록 준공된 지 오래되었고 용도지역이 오피스빌딩 자리로서는 다소 아쉬운 제3종일반주거지역이었지만(일반적으로 오피스빌딩 자리로는 용적률이 높은 준주거지역이나 일반상업지역이 선호됨), 대로변에 연접해 있었고 지하철 9호선 삼성중앙역과도 가까워 향후 신축을 감안하더라도 빌딩 활용도는 괜찮아 보였다.

무엇보다 인근 한국전력부지가 현대차그룹에 매각됨에 따라 초대형 개발사업(2023년까지 국내 최고층 규모의 신사옥빌딩 및 호텔, 컨벤션센터 등 5개 동 준공 예정)이 진행 중이어서 이에 따른 후광효과를 기대할 수 있다는 점에서 더욱 매력적인 투자처로 보였다. 당장 눈앞에 보이는 가시적 이득보다는 현대차그룹 신사옥 준공 이후까지 내다보고 매입을 결심한 D씨였지만, 문제는 가격이었다. 언제나 흥정을 통해 시세보다 10~20%씩 저렴하게 부동산을 매입해왔던 그녀였기에 더욱 그랬다.

사실 삼성동 빌딩이 4년 전 시장에 처음 선보였을 때 가격은 310억 원(3.3m²당 1억1,070만 원)이었다. 하지만 그 가격에 빌딩을 사겠다고 선뜻 나서는 투자자는 찾아볼 수 없었다. 이유를 알아보니, 해당 빌딩에 공실이 없었음에도 불구하고 임대료 관리가 제대로 되지 않아 임대수익률이 매우 낮았던 것이었다. 시장요구수익률(연 4~5%)에 크게 못 미치는 연 2.5%대에 머물렀기에 임대수익을 목적으로 투자하기에는 다소 부담스러운 존재였다.

따라서 토지 가격 상승은 덤으로 하고, 법인투자자가 사옥용으로 매입해서 직접 사용하거나 시세보다 저렴하게 매입해서 리모델링한 후 임대료를 올려 받으려는 투자자만이 접근 가능해 보였다. D씨 역시 현대차그룹 신사옥 개발사업에 따른 토지 가격 상승과 리모델링 후 임대료 개선을 노리고 매입한 투자자였다.

상대방의 마음과 시장분위기를 가격흥정에 활용한 D씨

재밌는 것은 D씨가 이 빌딩을 처음 접했던 2016년 늦가을, 소개해준 공인중개사 편으로 매도자 측에 매수의향서를 제출했었고 바로 퇴짜를 맞았다는 사실이다. 그 당시 D씨가 매수하겠다고 제안한 가격은 담보감정가 240억 원보다 살짝 높은 245억 원이었다. 하지만 매도자 측(일가족 4인 공동소유)에서는 지나치게 헐값이라는 이유로 D씨의 매수제안을 일언지하에 거절했다. 1차 협상이 결렬된 것이었다.

그런데 그로부터 일주일이 지난 뒤 사정은 완전히 달라졌다. 세계경제가 흔들릴 수 있는 엄청난 이벤트가 발생한 것이다. 모두의 예상을 뒤엎고 미국 중심의 보호무역주의를 주창한 공화당의 도널드 트럼프가 유력 후보였던 민주당의 힐러리 클린턴을 제치고 미국 대통령선거에서 승리하면서 글로벌경기가 더 나빠질 것이라는 불안감이 팽배해졌다. 게다가 이른바 '최순실 국정농단사태'로 국내정국마저 불안해지자 수많은 투자자들이 당분간 부동산 매입 자체를 보류하려는 분위기가 빠르게 확산되고 있었다. 준비 안 된 상속으로 세금이 체납된 상태였던 매도자로서는 몹시 당황스럽고 난감한 상황이었다.

반면 D씨로서는 흥정이 먹힐 수 있는 여건이 자연스럽게 조성된 셈이었다. 결국 그녀는 상대방의 조급증(상속에 따른 세금체납으로 서둘러 매각하려는 매도자 측의 심리상태)과 급변하는 시장분위기(미국의 트럼프 대통령 당선으로 조기 금리인상 및 국내외 정세불안 가중 등으로 부동산시장 약세 전환)를 가격흥정에 적극 활용해서 시세(280억 원)는 물론이고, 심지어 담보감정가(240억 원)보다 훨씬 저렴한 가격(210억 원)에 매입하기로 합의했다. 거래가 깨질 만한 몇 차례의 고비도 있었지만 흥정이라는 과정을 거치면서 결국 그녀는 자신이 원하던 매물을 시세보다 매우 값싸게 매입할 수 있었다. 흥정의 여왕 D씨였다.

부동산을 매입할 때도

흥정의 과정을 거친다면

시세보다 저렴하게 매입할 수 있다.

트렌드를 예측하고
선도하라

"부동산 투자로 부자가 되고 싶다면 트렌드를 알아야 합니다. 한발 더 나아가 단순히 트렌드를 파악하는 데 그치는 것이 아니라 그 변화까지도 예측하고 선도할 수 있어야 합니다."

_남다른 부동산 투자로 부동산계의 여신으로 불리는 K씨(49세)

부동산 중개업소를 운영했던 부친 덕분에
투자 트렌드에 익숙한 K씨

K씨는 단 한 번의 직장생활도 해본 적이 없는 전업주부다. 하지만 과거 부친의 직업이 부동산 중개업자였기에 일찍이 귀동냥이나마 부동산 투자정보를 접할 기회가 많았고, 아울러 부동산 투자의 트렌드를 놓치지 않기 위해 평소 국내외 부동산 정보를 수집하고 공부하기를 즐겼다.

K씨의 첫 번째 부동산 투자시점은 17년 전으로 거슬러 올라간다. 그 무렵 서울 마포지역에서 부동산 중개업소를 운영하고 있었던 부친의 권유로 공덕동 재개발 아파트(전용 85m² 이하) 입주권을 당시로서는 적지 않은 1천만 원의 프리미엄을 얹어주고 매입했다. 사실 그녀가 재개발 아파트 입주권을 매입했던 당시는 IMF 외환위기를 이겨낸 직후로, 서울 도심권을 중심으로 아파트 재개발사업이 최고의 부동산 투자 트렌드로 각광받던 때였다. 그녀는 매입한 시점으로부터 정확히 3년 후(준공시점으로부터는 2년 후) 매입가의 2배 수준에서 매각해 적지 않은 수익을 올렸다. 부친 덕에 그리 어렵지 않게 아파트 재개발 트렌드를 읽을 수 있었음 물론이었다.

K씨의 두 번째 부동산 투자시점은 13년 전이다. 투자대상은 아파트단지 내 상가였다. 사실 그 당시는 수도권(서울, 경기도, 인천)을 중심으로 아파트단지 내 상가에 투자하는 것이 부동산 투자 트렌드로 자리하기 시작했던 시절이었다. 그녀 역시 경기도 용인시 구도심 인근에 위치한 780세대 규모의 아파트단지 내 상가 1층 2개호를 분양받았고, 그 후 임대를 맞춘 후 매각해 많은 양도차익을 올릴 수 있었다.

이후에도 K씨는 트렌드를 읽고 예측하는 부동산 투자로 큰돈을 벌어왔는데, 이런 성과는 최근까지도 이어졌다. 2009년 서울 강남구 신사동 가로수길 인근 단독주택을 매입한 후 근린상가주택으로 리모델링하기, 2015년 서울 마포구 연남동 경의선숲길 단독주택을 매입한 후 게스트하우스로 개조하기, 2018년 서울 송파구 잠실동 제2롯데월드타워 인근 오피스텔을 매입해 숙박공유사업에 활용하기 등이 대표적 사례다.

트렌드를 읽지 못하고 감언이설에 속아
빚더미에 앉게 된 N씨

반면 부동산 투자 시 트렌드를 예측하지 못하고 묻지마 투자, 따라쟁이식 투자로 낭패를 본 사례도 적지 않다. 한때는 잘나가는 의사 사모님으로 불렸던 N씨(53세)의 안타까운 사연이 그렇다. N씨의 남편은 서울 강남에서 성형외과를 개업한 원장의사인데, 직업의 특성상 재테크나 부동산 투자에 관심을 쏟을 여력이 없었다. 이러한 이유로 모든 재산은 아내인 N씨가 전적으로 관리하고 있었다. 그러던 어느 날 N씨에게 친목모임을 통해 알게 된 한 건축업자가 접근하면서 불행의 씨앗이 싹트기 시작했다.

2017년 5월경, 건축업자는 N씨에게 저금리 시대에는 월세가 나오는 수익형부동산이 대세임을 강조하면서 그간 모아놓은 돈과 대출을 통해 건축 가능한 부지를 매입한 후 도시형생활주택을 신축할 것을 권유했다. 아울러 그는 N씨에게 자신이 부지의 매입과 건축설계를 도와주겠으니 아무 걱정하지 말고 자신만 따를 것을 요구했다. N씨 역시 도시형생활주택이 신축되면 연 8%대의 높은 임대수익률이 생길 것이라는 그의 감언이설에 솔깃했고, 결국 사업성 및 수익성을 제대로 검토하지 않은 채 서둘러 투자를 결정했다.

N씨의 투자대상물이 위치한 곳은 서울 송파구 가락동이었다. 문제는 원룸형 도시형생활주택이 준공된 지 1년이 지났음에도 절반가량이 공실이라는 데 있다. 이는 송파구 일대가 원룸형 도시형생활주택의 과잉공급으로 임대경쟁이 심화되어 임차인 구하기가 힘들어졌고,

엎친 데 덮친 격으로 인근에 신축 오피스텔이 들어서면서 임대료 시세가 크게 떨어졌기 때문이었다.

어쩔 수 없이 매각을 염두에 두고 현지 부동산 중개업소를 찾아가 본 N씨. 하지만 송파구 일대에서 신축된 도시형생활주택은 매도자와 매수자 간 가격격차가 심해 거래마저 끊긴 상태였다. 도시형생활주택 부지를 매입하는 데 사실상 전 재산(40억 원)을 쏟아부었음은 물론, 건축공사비를 감당하기 위해 받은 대출금(20억 원)의 이자마저 연체되고 있는 최악의 상황을 맞이하게 된 그녀였다.

돌이켜보건대 N씨가 부동산 투자에 실패한 원인으로 여러 가지를 들 수 있겠지만, 트렌드를 예측하지 못한 채 따라쟁이식 투자를 한 이유가 크다. 즉 2009년 5월 시행된 도시형생활주택제도가 정부정책에 부응하면서 시행사 및 토지소유주의 입장에서 볼 때 이른바 '황금알을 낳는 사업'으로 급부상한 가운데, 2011년 이후 서울지역만 하더라도 매년 수만 가구 이상이 신축 또는 리모델링 방식으로 공급되고 있던 실정이었다. 게다가 대부분의 도시형생활주택이 원룸형으로 지어져 있어 상대적으로 투룸형보다 점차 선호도가 약해지고 있는 추세였다. 따라서 원룸형 도시형생활주택의 과잉공급은 공실 증가 및 임대료 인하로 이어질 수밖에 없었다. 안타깝지만 대박은커녕 쪽박을 차게 된 N씨였다.

부동산 투자에 앞서 트렌드를 예측하는 것을
게을리해서는 안 된다.
트렌드를 읽지 못한 채 투기적 시류에 편승한다면
커다란 낭패로 이어질 수 있다.

PART
3

부자들의
선견지명(先見之明)
투자

10년 후까지 내다볼 수 있는
부동산을 찾아라

"부동산은 속성상 주식, 채권, 정기예금 등과 달리 처분 때까지
상대적으로 투자자금이 오랫동안 묶입니다. 따라서 단기차익을
노리기보다는 10년 후까지 내다볼 수 있는 부동산을 선별해서
투자해야 합니다."

_국내외 부동산에 투자해 큰돈을 벌게 된 C씨(57세)

한국의 소득 상위 1%에 속하는 부자들의 전체자산에서 부동산이
차지하는 비중은 여타 선진국 부자들보다 훨씬 높은 것으로 알려져
있다. 그만큼 한국의 부자들은 부동산 투자를 통해 자산을 불려왔으
며, 또 부동산에 많은 관심을 가지고 있음을 유추해볼 수 있다.

그렇다면 한국의 소득 상위 1% 내 부자들은 부동산을 어떤 시각
으로 바라보고 있으며, 또 어떻게 부동산 투자를 하고 있을까? 시중
은행의 부동산 전문가로서 한국의 내로라하는 부자들을 상담하고 자
문해오면서 지켜본 결과, 그들로부터 공통적으로 발견한 특징 중 하

나는 한국의 부자들은 부동산에 남다른 애착을 보였고, 일단 투자하면 적어도 10년 후까지 가져가려는 경향을 보였다는 것이다. 물론 부자들마다 선호하는 부동산의 유형이 다르고 원하는 투자지역에서도 다소 차이를 보이기는 했지만, 10년 후까지 내다볼 수 있는 부동산을 찾아 투자하려는 성향(자녀증여까지 고려한 장기투자성향 등)을 가지고 있다는 점에서는 동일했다.

일본의 신도시 부동산 실패사례를 반면교사로 도심지 투자에 집중한 C씨

젊은 시절 일본과의 무역거래를 통해 벌어들인 돈을 종잣돈 삼아 국내외 부동산에 투자해 큰돈을 벌게 된 C씨. 그는 현재 서울 도심지에 입지한 상가건물 3채(시세 450억 원)를 보유하고 있다. 그가 부동산 투자로 성공할 수 있었던 것은 아이러니하게도 반면교사로 삼은 일본의 신도시 부동산 실패사례 덕분이었다.

과거 일본의 경우 도심지 주택난을 해소하기 위해 수도인 도쿄 외곽에 수많은 신도시를 공급했다. 일본정부는 성공적인 신도시 개발을 꿈꿨지만 도쿄시민들의 철저한 외면으로 신도시가 사람들이 찾지 않는 유령도시로 변모하는 과정을 지켜봐야 했고, 실제로 이런 현상은 일본정부에 커다란 충격을 안겨주기도 했다.

사람들은 일반적으로 나이가 들어가면 번잡하고 시끄러운 도심지를 떠나 물 좋고 공기 좋은 전원에서 생활하기를 꿈꾼다. 하지만 현실과 꿈은 많이 달랐다. 나이가 들어 몸이 아플수록 더욱 찾게 되는 의료시설, 은퇴 후 무료함을 달래줄 영화관이나 미술관 같은 문화·공연시설, 자녀나 손자들의 직장 및 거주지 등이 도심지에 몰려 있다는 점 등이 이들 노년층을 외곽에 입지한 신도시보다는 도심 내에 머물기를 희망하게끔 했다. 그렇다면 20~30대 젊은 층은 다른가? 그들 역시 도심지가 직장 출퇴근에 용이하다는 점 등을 이유로 도심권에서 벗어나지 않으려는 성향을 보였다.

인정하든 인정하지 않든 이런 흐름들을 종합해볼 때, 10년 후까지 내다본다면 변두리 외곽보다는 도심지 부동산에 투자하는 것이 훨씬 나아 보이는 것은 당연했다. 실제로 일본에서는 시간이 흐를수록 도쿄 외곽에 입지한 신도시 부동산의 경우 급락세를 면치 못했던 반면, 도쿄 중심부에 위치한 부동산의 경우 꾸준한 가격 상승세를 보여왔다. 물론 C씨 역시 일본의 부동산시장 실패사례를 교훈 삼아 서울 도심지 내 상가건물에 집중 투자해 큰돈을 벌 수 있었다.

국내외 도심 부동산에 투자해
200억 원대 자산가가 된 전직 가수 B씨

얼마 전 재밌는 뉴스가 언론을 통해 소개된 적이 있었다. 부동산 투자로만 200억 원 이상의 자산을 모은 것으로 소문난 전직 유명가수 B씨(59세)가 등장한 것이다. 그녀는 앞서 인터뷰한 C씨와 마찬가지로 도심지를 최고의 부동산 투자처로 손꼽았다.

지금까지 그녀가 언론매체들과의 인터뷰를 통해 밝힌 바를 요약하면, 미국 LA나 뉴욕은 물론, 서울 종로, 명동 등 국내외 주요 도심지 부동산에 집중 투자해 큰돈을 벌 수 있었다고 한다. 10년 후까지 내다볼 수 있는 부동산을 찾는다면 국내외 주요 도심지만큼 좋은 투자처는 없다고 생각한 듯했다. 도심에서 멀어질수록 부동산에 대한 투자가치가 현저히 떨어질 것으로 판단하고 도심지 투자에 집중해 기대치보다 훨씬 높은 투자수익률을 얻을 수 있었다면서 인터뷰를 마무리한 그녀였다.

10년 후까지 내다볼 수 있는 부동산에 투자해 큰돈을 벌고 있는 자산가들

자수성가한 건물주 D씨(79세). 그의 커다란 즐거움은 25년 전에 매입한 서울 강남대로변 4층짜리 상가건물을 바라보는 것이다. 사실 그가 이 상가건물을 매입할 당시에는 강남대로변이었음에도 마땅한 지하철역이 없었고 상권마저 미약해 30억 원이 채 안 되는 비교적 가벼운 부동산이었다. 하지만 그 후 시간이 흘러 건물 인근에 지하철역(지하철 9호선 신논현역)이 생기고 유동인구가 급증하면서 지금은 300억 원을 호가하는 고가 부동산으로 탈바꿈했다. 말 그대로 10년 후까지 내다볼 수 있는 부동산을 찾았고, 여기에 투자했던 것이 눈부신 자산증가로 이어진 것이다.

전직 은행원 출신 Y씨(65세). 현재 그의 직업은 부동산 중개업자다.

Y씨는 은퇴 이후 임장활동을 동반한 부동산연구에 몰두하면서 10년 후까지 내다볼 수 있는 부동산을 선별할 수 있는 안목을 길러왔다. 그의 관심은 단 하나! 10년 후까지 내다볼 수 있는 부동산을 찾아내 투자자들에게 소개하는 것이다.

자신이 접해본 여러 유형의 부동산 가운데 투자자에게 큰 수익을 안겨줄 수 있는 것으로 도로나 철도(지하철, 전철, 고속철 등)가 개설될 곳과 인접한 토지를 손꼽는 Y씨. 사실 도로나 철도의 개설로 인한 토지가치는 3단계 과정(개발발표시점 → 공사착공시점 → 공사완료시점)이라는 다소 긴 시간에 걸쳐 지속적으로 상승한다. 실제로 적지 않은 자산가들이 지하철 9호선이나 신분당선 개통을 타깃으로 노후화된 상가건물이나 단독주택, 나대지에 집중 투자해 큰돈을 번 것으로 알려져 있다.

하지만 안타깝게도 생각보다 많은 사람들이 단기적인 안목에 갇혀 부동산에 투자한다. 눈앞의 이익에 급급한 나머지 당장 투자수익이 보장되지 않는 미래가치에 투자하는 것을 기피하거나 애써 외면하려 한다. 하지만 부동산 투자로 큰돈을 벌어봤다는 부자들은 대개 장기간 보유한 후 매각 시 큰 폭의 차익을 노릴 수 있는 부동산, 즉 10년 후까지 내다볼 수 있는 부동산을 찾아 투자하기를 즐긴다. 심지어는 자녀나 손자 증여를 활용해 10년이 아닌, 20년, 30년 후까지 더 길게 내다보고 투자하려 한다.

부동산을 사두기만 하면 돈 벌던 시절이 있었다.

하지만 지금은 분명코 아니다.

명심하라!

부동산 투자로 큰돈을 벌고 싶다면,

10년 후까지 내다볼 수 있는

부동산을 찾을 수 있어야 한다.

숲을 먼저 보고
나무를 보라

"부동산 투자로 큰돈을 벌고 싶다면, 숲을 먼저 보고 나무를 봐
야 합니다. 눈앞의 이익에 연연해 낭패를 보는 어리석음은 반드
시 경계해야 합니다."

_강남 알부자로 소문난 M씨(73세)

　"숲을 먼저 보고 나무를 보라"는 말은 재테크, 특히 주식시장에서
많이 인용되어 사용되고 있지만, 부동산시장이라고 예외일 순 없다.
부동산에 투자할 때 거시적 안목에서 숲을 먼저 본 후 미시적 시각으
로 나무를 꼼꼼히 살펴봐야 예기치 못한 낭패를 피할 수 있기 때문
이다. 여기서 '숲'을 보라는 것은 거시적 안목을 가지라는 말과 같고,
'나무'를 보라는 것은 미시적 시각을 가지라는 말과 같다. 부동산시장
에서 거시적 안목은 정치, 경제, 사회, 문화, 교육, 제도, 법률, 도시계
획 등 다양하고 복합적인 환경 속에서 이를 체계적이며 종합적으로

해석하고 분석하면서 길러지는 반면, 미시적 시각은 꼼꼼한 상권분석, 시세조사, 물건조사, 현장답사 등을 통해 얻을 수 있다.

개개의 물건에 연연하기보다는 부동산시장과 부동산경기를 내다봐라

M씨의 경우 숲을 먼저 보고 나무를 보는 혜안을 가지고 있었던 까닭에 부동산 투자로 알부자가 될 수 있었다. 그는 단순히 개개의 부동산물건에만 투자했던 것이 아니라 부동산시장, 부동산경기에도 투자를 한 셈이었다. 즉 나무에 해당하는 개개의 부동산물건에 한정시켜 연연하기보다는 먼저 거시경제에 해당하는 부동산시장과 부동산경기를 내다보고 투자를 실행했던 것이었다.

평범한 직장인이었던 M씨가 본격적으로 부동산 투자에 관심을 가지게 된 시점은 지금으로부터 40여 년 전인 1978년 하반기였다. 사실 그 당시는 정부의 주도로 강남개발이 본격화되기 시작한 시점이기도 했다. 평소 경제동향 및 정부정책에 관심이 많았던 그에게 강남개발은 정부의 강력한 의지에 따라 시작된 도시계획이면서 산업화 및 도시화로 가는 필연적인 과정인 만큼 부동산에 투자할 수 있는 골든타임이었다.

그의 첫 번째 투자대상은 서울 서초구 반포동에 소재한 단독주택(1978년 매입)이었다. 준공된 지 8년 지난 2층짜리 단독주택이었지만 대지면적이 495m²(150평)인 마당이 꽤 넓은 집이었다. 당시 그가 반포동 단독주택에 과감히 투자하기로 결심한 이유는 대지면적이 넓어 철거 후 재건축 시 가치상승이 기대되며, 자동차를 타고 한남대교를 넘어가면 종로·을지로·명동 등 도심 진입이 용이하다는 점 때문이었다. 하지만 무엇보다 도보 10분이면 이용할 수 있는 지하철이 개통되면(1982년 지하철 2호선 강남역 개통, 1985년 지하철 3호선 신사역 개통) 서울권 전역이 강남 중심으로 재편될 것이라는 확신이 들었기 때문이었다.

결과적으로 M씨의 판단은 옳았다. 그의 예측대로 2000년대 이후 서울의 중심상권은 강남역으로 재편되었고, 아울러 2010년 이후로 지하철 9호선 신논현역이 도보 3분 거리에 근접 개통됨에 따라 이 지역의 부동산 가격은 부르는 게 시세일 정도로 급등했다.

몇 해 전 그는 반포동 단독주택을 시세에 맞춰 건축업자에게 매각한 후 그 자금을 기반으로 인근에 5층짜리 상가주택(지하 1층~지상 5층)을 매입했다. 경기불황과 저금리 기조가 장기화될수록 임대용 부동산이 대세일 거라는 판단 때문이었다. 무엇보다 상가주택 5층에 거주하면서 매월 1,200만 원 전후의 임대수익을 올릴 수 있게 되어 만족도가 높다. 숲을 먼저 보고 나무를 보았던 그의 혜안이 놀라울 뿐이다.

거시적 관점에서 숲을 먼저 본 후, 미시적 시각으로 나무를 살펴라

그의 두 번째 투자대상은 1998년 봄, 지인의 소개로 시세보다 저렴한 가격에 매입한 서울 동작구 사당동 소재 근린상가건물이었다.

그가 매입한 이 근린상가건물은 지하철 4호선 이수역사거리 대로변에 입지한 대지 446m²(135평) 규모의 4층짜리 아담한 건물이었다. 무엇보다 그가 이 근린상가건물을 매입할 당시는 심각한 경기불황 여파로 제아무리 좋은 상권에 소재한 빌딩일지라도 공실이 즐비했던 시절이었다.

하지만 M씨의 판단은 달랐다. 먼저 숲을 보았다. 즉 거시적 관점에서 살펴봤을 때 우리나라의 경제구조가 2차산업인 제조업과 3차산업인 서비스업을 기반으로 하고 있으며, 기업들의 수출경쟁력이 충분했고, 무엇보다 국민들의 위기극복에 대한 의지가 강한 만큼 IMF 외환위기에 따른 경기불황을 빠른 시일 내 극복할 것으로 생각했다.

이어서 나무를 봤다. 즉 미시적 시각에서 살펴봤을 때 해당 물건의 경우 중산층들이 거주하고 있는 사당동 대단지 아파트 4천~5천여 세대가 주변에 소재해 있고, 태평백화점 상권을 공동으로 이용하는 인근 방배동 지역의 거주민까지 추가할 수 있는 탄탄한 배후를 자랑하고 있었다. 더욱이 이수역사거리 대로변 상권은 기존의 지하철 4호선 외 7호선의 개통(2000년 개통)을 눈앞에 두고 있어, 이른바 '더블역세권'으로 재탄생이 기대되는 상황이었다.

그의 예상대로 20여 년이 지난 지금의 이수역사거리 대로변 상권은 더블역세권으로 인한 풍부한 유동인구와 8천~9천여 세대를 배후지로 둔 유망상권으로 자리했다. 당연히 M씨의 근린상가건물도 값이 크게 올랐음은 물론이다.

성공적인 부동산 투자를 원한다면,

거시적 관점에서 숲을 먼저 보고 난 후,

미시적 시각으로 나무를 살펴봐야 한다.

부동산을 보는
안목을 길러라

"기업이 직원을 뽑을 때 인재를 알아볼 수 있는 안목이 있어야
하듯이 부동산으로 부자가 되고 싶다면, 투자하기에 좋은 부동
산과 나쁜 부동산을 구별할 수 있는 안목이 필요합니다."

_다양한 유형의 부동산을 상당수 소유하고 있는 C씨(75세)

국어사전에서는 '안목(眼目)'을 '사물의 좋고 나쁨 또는 진위나 가치
를 분별하는 능력'이라고 풀이하고 있다. 실제로 적지 않은 부자들이
부동산 투자 시 자신들만의 안목을 통해 목적 대상으로 삼고 있는 부
동산을 남보다 한발 앞서 매입하거나 적시에 매각해 커다란 수익을
올려왔다.

C씨와 절친한 지인들에 따르면 등기사항전부증명서(구 부동산등기부
등본)에 나타난 부동산만 어림잡아도 시세로 환산하게 되면 수백억 원
에 달할 것이라고 한다. 예상대로 지금의 부동산을 매입했던 과거의

당시로 거슬러 올라가보니, 해당 부동산의 가격은 상승을 넘어 급등에 가까웠다. 현재 그는 주변의 지인들로부터 부동산 갑부로 불릴 만큼 많은 부동산을 소유하고 있는데, 장기간 보유하고 있던 일부 부동산의 경우 매각해 현금화하고 있기도 하다.

사실 C씨는 젊은 시절부터 부동산 투자에 적극적이었다. 그리고 그 덕분에 지금과 같은 커다란 부를 축적할 수 있었다. 물론 이 모든 것은 그에게 부동산을 보는 안목이 있었기에 가능한 일이었다. 사례를 통해 좀 더 살펴보자.

드라마를 계기로 한류열풍을 예상하고 투자한 인사동 근린상가빌딩

2005년 상반기, 지인의 소개로 시세보다 저렴하게 급매로 나온 서울 종로구 인사동 근린상가빌딩 투자는 부동산을 보는 안목이 C씨에게 큰돈을 안겨준 대표적인 성공사례였다. 대지면적 323m²(98평), 건물 총면적 638m²(193평) 규모의 일반상업지역 내 3층짜리 상가빌딩인데, 1층과 2층은 음식점과 화랑이 주변 임대료보다 저렴한 비용으로 임차 중이었고, 3층은 공실상태로 임차인을 찾던 중이었다.

해당 빌딩이 급매물로 나온 이유는 그동안 빌딩을 직접 관리해온 건물주가 고령(당시 81세)과 지병 때문에 더 이상의 관리가 어려웠고, 슬하에 있는 2명의 자녀 모두 해외로 이민과 유학을 떠나버린 상황이었기 때문이었다. 결국 고민을 거듭하던 건물주가 내린 결론은 추후 상속 문제가 발생하기 전에 서둘러 매각하자는 것이었다. 그런데 누가 그랬던가? 부동산은 임자가 따로 있다고. 평소 외국인이 즐겨 찾는 인사동상권에 깊은 관심을 갖고 있었던 C씨에게 지인의 추천은 쉽게 거부할 수 없는 연인의 프로포즈와도 같았다.

매입을 추천받은 C씨가 제일 먼저 한 일은 인근 부동산 중개업소를 찾아가는 것이었다. 매매시세와 임대료 수준은 물론이고, 단기간 내 공실해소가 가능한지 여부를 알고 싶었기 때문이었다. 주변 부동산 중개업소를 탐문해본 결과, 매입의뢰를 받은 가격은 시세(토지 가격 환산기준 3.3m²당 5천만 원선)의 85% 수준이었으며, 1층과 2층의 임대료 수준 역시 주변 시세보다 크게 저렴한 70% 수준에 불과했다. 따라서 저렴한 가격에 매입한 후 1층과 2층의 임대료를 시세 수준으로 맞춰 올리고 3층의 경우 시세보다 다소 저렴한 수준으로 임차인을 찾아본다면, 임대수익률 개선과 함께 단기간 내 공실 해소를 동시에 풀어낼 수 있을 것으로 보였다. 결국 일련의 조사과정을 거친 C씨는 그로부터 얼마 뒤 약간의 은행 대출을 만들어 해당 부동산을 매입했고 등기까지 마쳤다.

사실 C씨가 인사동상권에 관심을 가지게 된 계기는 드라마 〈겨울연가〉 때문이었다. 2003년과 2004년 KBS 드라마 〈겨울연가〉가 일본에서 인기리에 방영되었고, 이로 인해 일본에 불기 시작한 한류 열풍이 그의 안목을 키워준 셈이었다. 일본 NHK를 통해 몇 차례 방송을 탔을 뿐인데도 드라마 〈겨울연가〉가 한일 양국에 미친 경제 효과가 무려 2,300억 엔(약 2조3천억 원)에 달한다는 연구결과가 나왔을 정도로 일본 내 인기는 참으로 대단했다. 때마침 투자할 만한 부동산을 찾고 있던 그의 머릿속에 한류열풍과 인사동상권이 오버랩되었음은 물론이었다.

일본 내 한류열풍이 곧 한국문화에 대한 관심으로 이어질 것이고, 만일 그렇다고 본다면 한국을 대표하는 문화관광지인 인사동을 찾는 일본인 관광객들의 숫자가 큰 폭으로 증가할 것으로 내다본 그였다. 또한 이는 상권의 확장과 임대료의 상승으로 이어질 것으로 생각한 것이었다.

결과적으로 C씨의 판단은 정확했다. 2004년 무렵 일본에서 불기 시작한 욘사마(배용준) 한류열풍은 곧이어 중국, 베트남, 필리핀, 태국 등 사실상 아시아 전역으로 크게 확대되었고, 이는 한국문화에 대한 관심 확대와 한국방문으로 이어졌다. 그 덕분일까? 어느덧 인사동상권은 명실공히 외국인 관광객들이 반드시 거쳐 가야 할 명소 중 하나로 자리했다. 또한 외국인 관광객들의 쇼핑 확대까지 기대되면서 대기업들이 투자한 법인형 프랜차이즈(화장품, 커피숍, 음식점 등) 점포까지 지속적으로 유입되어 왔다. 이런 분위기를 타고 매매가격과 임대료 모두 큰 폭으로 상승했음은 물론이었다. 부동산과 세상을 연관시켜 바라본 안목이 투자성공으로까지 이어진 사례였다.

부동산으로 돈 벌고 싶다면,

투자가치 있는 부동산을

알아볼 수 있는 안목을 길러야 한다.

부동산에 투자하지 않는 것도 리스크다

"경기불황으로 부동산시장이 침체되었다고 말하면서 '안전'이라는 명목하에 실물인 부동산을 애써 외면하고 투자하지 않는 것도 인플레이션을 감안한다면 일종의 '리스크'라고 볼 수 있습니다."

_실물부동산에 투자해 알부자로 거듭난 K씨(59세)

K씨가 본격적으로 부동산에 투자하기 시작한 시점은 2002년 봄으로 거슬러 올라간다. 사실 이전까지만 해도 부동산 투자라고 하면 당연히 아파트에 청약해서 분양받는 게 전부인 줄만 알았던 그였다. 그랬던 그가 부동산 투자에 본격적으로 관심을 가지게 된 계기는 우연한 기회에 참석한 어느 친목모임에서 베테랑 경매컨설턴트를 만나게 되면서부터였다.

경매컨설턴트는 그에게 여유자금이 있다면 법원경매 부동산에 투자할 것을 권유했다. 부동산 경매에 문외한이었던 K씨로서는 경매컨설턴트의 권유를 선뜻 받아들이기가 쉽지 않았지만 입찰에서부터 명도에 이르기까지 일체의 진행과정을 도와주겠다고 제안하자 경매를 통한 부동산 투자에 도전하기로 했다.

불황기라고 유망 부동산에 투자하지 않는 것도 리스크다

K씨가 투자한 경매물건은 서울 강남구 논현동 모 초등학교 인근에 소재한 대지 274㎡(83평), 총면적 515㎡(156평) 규모의 3층짜리 근린 상가주택이었다. 경매법원을 통해 감정평가된 금액은 6억5천만 원이 었지만 배당받지 못하는 상가임차인의 존재로 명도저항이 우려되는 까닭에 2회 유찰되어 감정평가금액의 64%인 4억1,600만 원에 재입 찰된 물건이었다. 입찰 당일 K씨는 감정평가금액의 74%선인 4억8천만 원에 응찰해 경쟁입찰자 4명을 모두 물리치고 최고낙찰자로 선정되었다. 이후 경매컨설턴트의 도움으로 상가임차인에 대한 명도절차까지 무사히 마치면서 온전한 소유권을 가지게 되었다.

그 후 시간이 흘러 K씨가 낙찰받은 경매물건의 주변이 원룸주택 및 상가 밀집지역으로 변모했다. 또 그사이 지하철 9호선이 신규로 개통되었고, 2022년경 신분당선 연장노선(강남역~신논현역~논현역~신사역)도 들어설 예정이다. 경매로 매입한 지 17년이 지난 2019년 현재, 투자금액 대비 무려 12배 이상 상승한 60억 원에 호가되고 있다. 더욱이 인근 부동산 중개업소들은 리모델링을 통해 개보수까지 마친다면 70억 원에도 매수자가 어렵지 않게 나타날 것으로 내다보고 있다. 그간의 물가상승률을 감안하더라도 K씨의 첫 번째 부동산 투자는 대성공이었다.

K씨의 또 다른 부동산 투자 성공사례로는 2004년 여름경 지인으로부터 매수를 의뢰받고 개별공시지가 수준에서 사들인 경기도 용인시 기흥구 마북동에 소재한 11,240m²(3,400평) 규모의 토지(지목: 임야)가 있다. 해당 토지의 당시 개별공시지가는 3.3m²당 20만 원선이었고, 거래시세 역시 개별공시지가를 조금 웃도는 3.3m²당 30만 원선에서 크게 벗어나지 않았다.

사실 K씨가 지인 소유의 토지매수를 제의받고 고민하는 모습을 지켜본 가족들은 이구동성으로 매입에 반대했었다. 아무리 여유자금이라고는 하지만 면적이 큰 임야에 10억 원이 넘는 큰돈이 들어간다는 사실을 받아들이기 힘들었던 것이다. 심지어 친한 지인들조차 차라리 시중은행의 정기예금에 넣어두는 편이 더 낫겠다는 충고를 서슴없이 했을 정도였다.

하지만 그의 생각은 달랐다. 비록 지목은 임야였지만 완경사지였기에 향후 개발될 가능성이 보였고, 국내 굴지의 대기업 연구소와 연수원들이 속속 들어설 예정이라는 소문까지 들렸기 때문이었다. 무엇보다 서울 소재 유명 사립대학교가 캠퍼스를 이곳 인근 지역(죽전신도시)으로 이전해올 거라는 점에 주목했다.

결과적으로 K씨의 판단이 옳았다. 그간 해당 토지 주변에는 아파트단지와 대기업 연구소 및 연수원 등이 하나둘씩 들어섰고, 당초 예정대로 유명 사립대학교가 이전해오면서 건설업자들이 손꼽는 개발

유망 지역으로 급부상한 것이었다. 2019년 기준으로 시세를 알아보니, 당장 건물을 지을 수 있는 대지는 차치하고 개발행위가 가능한 완경사지 임야의 경우에도 매입할 당시 가격의 10~15배 수준인 3.3m² 당 300만~500만 원을 호가하고 있다. K씨의 두 번째 부동산 투자 역시 그간의 물가상승률을 감안하더라도 초대박임은 분명했다.

그 후로도 몇 차례 이어진 K씨의 부동산 투자는 대체로 성공적이었다. 글로벌 금융위기 직후인 2009년 상반기 매입한 서울 강남구 신사동 근린상가건물(매입가격 40억 원. 현재 시세 120억 원), 2011년 서울 송파구 석촌동 나대지 매입 후 도시형생활주택 신축(총투자금액 33억 원. 현재 시세 70억 원) 등은 대표적인 부동산 투자 성공사례로 볼 수 있다.

물론 K씨가 부동산 투자를 바라보는 시각이 다소 공격적인 것은 사실이었다. 그럼에도 불구하고 그가 부동산 투자로 낭패 없이 큰 돈을 벌 수 있었던 데는 다음과 같은 몇 가지 이유가 있다.

첫째, 경기불황에 따른 부동산시장 침체가 위기라기보다는 또 다른 기회라고 생각하고 있었다는 점, 둘째, 단기차익에 급급한 투기적 성향의 매입이기보다는 장기전망에 근거한 투자적 성향의 매입이었다는 점, 셋째, 단순한 매입보다는 매입 후 가공과 개발을 염두에 두고 있었다는 점, 넷째, 물가상승률(인플레이션)을 상쇄시킬 수 있는 실물 투자라는 점 등이다. 이를 충분히 고려하고 부동산에 접근해 투자했기 때문에 남부럽지 않은 부동산 부자가 될 수 있었던 것이다.

물가상승률을 감안한다면

유망 부동산에 투자하지 않는 것도

리스크로 볼 수 있다.

남들이 꺼리는
부동산에 투자하라

"부동산 투자로 부자가 되고 싶다면 남들이 꺼리는 부동산에도 투자할 수 있어야 합니다. 진짜 부동산 부자들은 입맛에 맞는 부동산만 고집하기보다는 요리되지 않은 부동산에도 투자해 큰 수익 내는 것을 즐겨 합니다."

_부동산 투자로 큰돈을 번 인테리어업체 대표 B씨(67세)

비교적 젊은 나이인 30대 중반부터 미개발된 토지, 유치권이 설정된 경매빌딩 등에 투자해 갑부로 거듭난 B씨. 그의 명함상 직업은 인테리어업체 대표다. 하지만 지인들은 그를 부동산 박사라고 부른다.

물론 그의 경우 인테리어업자라는 직업의 특성상 남들보다는 전국 방방곡곡을 누비고 돌아다닐 일이 많아 땅이나 건물 등 다양한 부동산을 직접 접해볼 수 있는 기회가 많은 편이었다. 게다가 평소 부동산 재테크 관련 서적이나 경제신문의 부동산 특집기사, 현장탐방기사 등을 꼼꼼히 챙겨봐 왔기에 부동산에 대한 지식이나 정보력은 전문가

빼칠 정도였다. 당연히 B씨의 부동산 투자는 승승장구 그 자체였다. 다만 선호하는 투자대상은 남달랐다. 이른바 '남들은 꺼리지만 돈이 되는 부동산'이 그의 타깃이었다.

남들이 꺼리는 미개발된 토지, 미성숙된 토지 등에 투자하라

B씨는 향후 가치상승이 기대되지만 남들이 꺼리는 미개발된 토지, 미성숙된 토지 등에 투자하기를 즐겼다. 일례로 종중(宗中) 소유의 토지를 저렴한 가격에 매입하기, 경사도가 완만하고 평지와 연결된 임야를 개별공시지가 수준에서 매입하기, 법원경매로 나온 일단의 토지를 시세 반값에 낙찰받기, 해당 지방자치단체가 공원용지로 수용할 계획을 가지고 있는 보존산지(임야)를 개별공시지가 수준보다 낮은 가격에 매입하기, 상속 이후 세금부담을 우려해 급매로 내놓은 토지를 헐값에 매입하기, 맹지이지만 이웃한 땅을 이용하면 통행이 가능한 토지를 저렴하게 매입하기, 그린벨트로 장기간 묶여 있지만 정부가 해제를 적극 고려 중인 토지 선매입하기, 도심지 자투리땅 매입하기 등이 있다.

실제로 5년 전, B씨는 평소 알고 지내던 공인중개사로부터 상속재원 마련을 위해 개별공시지가 수준에서 매물로 나온 경기도 수원시 소재 임야 5,300m²(1,603평)를 서둘러 매수할 것을 권유받았고, 이를 한 치의 망설임 없이 사들였다. 물론 당시 그의 가족과 대부분의 지인들은 경기불황 및 부동산시장의 장기침체 등을 이유로 투자하지 말 것을 조언했다. 하지만 그는 달랐다. 비록 지목은 임야였지만 경사도가 완만해 장기적으로 개발될 가능성이 높다고 봤으며, 모 대기업 소유의 공장이 해당 매물과 인접한 토지 위에 임직원용 숙소를 지을 것이라는 정보를 믿고 있었다.

결과적으로 B씨의 판단이 옳았다. 해당 지역은 대단지 아파트와 공장숙소 등이 순차적으로 들어서면서 건설업자들이 선호하는 개발유망지역 중 한 곳으로 급부상했다. 2019년 현재, 주변 토지시세를 알아보니 개발행위가 가능한 완경사지 임야의 경우 개별공시지가 수준의 5배 이상을 호가하고 있었다.

남들이 꺼리는 부동산을 값싸게 매입하기를 즐기는 J씨

서울 강남에 수백억 원대 빌딩을 가지고 있는 대학교수 J씨(60세)는 부동산 투자에서만큼은 차가운 피를 가지고 있는 듯했다. 이른바 '남들은 꺼리지만 돈이 되는 부동산에 투자하기'를 즐기기 때문이다. 그가 말하는 최고의 부동산 투자 노하우는 남들이 꺼리는 부동산을 값싸게 매입하는 것이다. 이에 따라 다소 복잡한 권리관계나 매입절차를 거치더라도 피치 못할 사정상 시장에 매물로 나온 경·공매물, 부실채권(NPL)매물, 대물변제매물, 기업구조조정매물 등에 주로 투자한다. 또 이런 그만의 독특한 투자방식은 대부분 성공투자로 이어지면서 지금까지도 부동산업계의 모범적 투자사례로 회자되고 있다.

11년 전, J씨는 서울 서초구 반포동에 소재한 대지 172m²(52평), 총면적 344m²(104평) 규모의 4층짜리 상가빌딩을 법원경매절차에 따라 매수했다. 경매법원을 통해 감정평가된 금액은 11억7천만 원이었지만 배당받지 못하는 상가임차인의 존재로 완강한 명도저항이 우려되는 까닭에 2회 유찰되어 감정평가금액의 64%선에 다시 입찰될 물건이었다.

입찰 당일 그는 감정평가금액의 70%선인 8억1,900만 원에 응찰해 경쟁입찰자들을 모두 물리치면서 최고낙찰자로 선정되었고, 이후 상가임차인에 대한 까다로운 명도절차까지 무사히 마치게 되면서 온전한 소유권을 가지게 되었다. 시세 대비 65%선에서 원하는 근린상가건물을 매입한 셈이었다.

더욱이 시간이 흘러 그가 낙찰받은 경매물건은 주변이 상가지역으로 빠르게 변모해갔고, 얼마 지나지 않아 지하철 9호선(신논현역)까지 개통되면서 지금은 최초 투자금액 대비 무려 5배 이상 상승한 알짜부동산으로 탈바꿈했다. 만일 2억~3억 원을 들여 내·외벽 리모델링공사까지 마친다면 50억 원에도 매수자 구하기가 그리 어렵지 않아 보였다.

남들이 꺼리는 부동산에 투자해야

큰돈을 벌 수 있다.

높은 수익률에
현혹되지 마라

"부동산에 투자할 때 지나치게 높은 수익률은 반드시 의심하고 경계해야 합니다. 당장 눈앞의 이익에 눈멀어 높은 수익률만 좇다 보면 고수익은커녕 손실만 키우게 됩니다."

_유명 사립대학교 공과대학 교수 H씨(57세)

자산관리의 기본상식 중 하나로 '고수익 고위험 법칙(통상 하이리스크 하이리턴 법칙으로 불림)'이 있다. "모든 투자에는 반드시 위험이 따르며 기대하는 수익이 크면 클수록 위험도 커지게 마련이다"라는 투자법칙을 말한다. 주식처럼 변동성이 큰 위험자산에 투자할 때 자주 언급되는 말이지만 부동산이라고 예외일 수는 없다. 부동산 투자에서도 이런 기본적인 투자법칙을 간과해 낭패를 본 사람들이 적지 않다는 것 또한 부인할 수 없는 게 우리의 현실이다.

부동산 투자로 돈을 벌고 싶다면 높은 수익률에 현혹되어서는 안

된다. 당장 눈앞의 이익에 급급해 높은 수익률만 좇다 보면 고수익은 커녕 오히려 손실만 키우는 어리석음을 경험하게 될 뿐이다. 철저한 시장분석을 통해 향후 미래가치를 내다보고 부동산에 투자해야 한다. 지나치게 높은 수익률에 현혹되기보다는 다소 수익률이 낮더라도 알짜배기 부동산에 투자해야 좋은 결과를 얻어낼 수 있다.

연 12%의 높은 임대수익률을 보장한다는 감언이설에 속아 낭패를 본 H씨

H씨 역시 초보 투자자 시절 높은 수익률에 현혹되어 부동산에 투자했다가 실패했던 아픈 경험을 가지고 있다. 그가 부동산 투자를 시작하게 된 시기는 지금으로부터 17년 전인 2002년 초가을 어느 날이었다. H씨는 그날 한 동료 교수로부터 상가건축업자를 소개받았다. 나중에 밝혀진 사실이었지만 그는 상가건축업자가 아닌 분양대행업체에 소속된 속칭 '바지사장'이었다. 문제는 H씨가 최소 월 1%(연12%)에 달하는 임대수익률을 보장한다는 바지사장의 감언이설에 속아 상가 2개호를 분양받았다는 데 있었다.

대상물건은 경기도 안산시 단원구 고잔동 고잔신도시 중심상업지역 이면에 소재한 1층 구분상가로, 3.3m²당 분양가가 분양면적 기준으로 1천만 원선이었다. 호당 분양면적이 66m²(20평)이었기에 상가 2개호에 총 4억 원을 투자한 셈이었다. 바지사장은 자신이 분양마케팅 중인 고잔신도시 상가 2개호를 H씨에게 권유하면서 검증하기 어려운 정보들을 알려주며 최소 연 12%라는 높은 임대수익률을 내세웠던 것이다. 때마침 여윳돈을 투자할 마땅한 투자처를 찾지 못하고 있었던 H씨였기에 고수익이 보장된다는 상가 투자 제안은 참아내기 힘든 달콤한 유혹이었다.

당시 분양대행업체 바지사장이 H씨에게 상가 투자 시 높은 임대수익률을 얻을 수 있다고 장담한 근거는 다음과 같았다. 첫째, 안산 고잔신도시는 총 900만m²(약 272만 평)의 대지 위에 아파트를 포함한 공동주택 3만5천 세대, 약 14만 명을 수용할 계획으로 건설되고 있으니 초대형 배후지를 상권으로 가지고 있다는 점, 둘째, 자타가 인정하는 안산 최대상권은 안산시청을 비롯한 주요 행정기관이 소재한 지하철 4호선 고잔역과 중앙역 북단부 도심의 중심상업지역, 즉 고잔중앙역상권인데 자신이 분양판매 중인 고잔신도시상권은 고잔중앙역상권 도로 맞은편에 위치해 있으므로 그 후광효과를 기대할 수 있다는 점, 셋째, 고잔중앙역상권의 경우 유동인구가 하루 평균 5만 명에 달할 정도로 상권이 발달되어 상가 임차인 수요가 공급을 초과하고 있는데, 이로 인해 미처 상가를 구하지 못해 대기 중인 임차인 수요가 결국은 근접한 거리에 소재한 고잔신도시상권으로 넘어올 것이라는 점 등이었다. 물론 얼핏 듣기엔 논리적이고 그럴듯해 보였다.

그러나 현실은 결코 녹록치 않았다. 바지사장의 호언장담과는 달리 정반대의 결과가 나왔던 것이다. H씨는 분양대행업체 바지사장으로부터 고잔신도시 근린상가 1층 2개호를 호당 2억 원씩 총 4억 원에 분양받았으나 마땅한 임차인을 유치하지 못했던 것이다. 결국 H씨는 분양받은 지 3년이 다 되어가서야 당초 기대수익률의 1/4 수준에도 못 미치는 저렴한 임대료로 임차인을 유치할 수 있었다.

그 후 H씨는 자신에게 상가분양을 권유했던 바지사장에게 거칠게 항의도 해봤고 법적대응을 위해 친분 있는 변호사와도 상의해봤지만, 투자자로서의 책임은 회피할 수 없다는 결론만 얻어냈을 뿐이었다. 어쩔 수 없이 분양받은 상가 2개호를 분양가 수준으로 인근 중개업소에 매물로 내놓아봤지만, 임차인을 구하지 못해 공실로 방치된 상가가 주변에 너무 많았던 탓에 매입문의조차 받을 수 없었다. 심지어 분양가의 2/3 수준(총 3억 원)에라도 처분하려고 애써봤지만 선뜻 매입하겠다고 나서는 사람을 찾을 수 없었다. 안타깝지만 눈앞의 이익에 급급해 높은 수익률만 좇다 보니 고수익은 커녕 손실만 키운 어리석음을 경험하게 된 H씨였다.

비싼 수업료를 치른
부동산 투자수업

돌이켜보건대 H씨가 고잔신도시 상가 투자에 실패했던 데는 몇 가지 분명한 이유가 있었다.

첫째, 바지사장이 주장했던 최소 연 12%라는 높은 임대수익률은 객관적 근거 없이 막연한 기대감에서 나온 비현실적인 숫자였다. 그 당시 안산 최대상권으로 도로 맞은편에 소재한 고잔중앙역상권의 임대수익률 수준이 연 5%대에 불과했다는 점을 감안한다면 바지사장의 주장은 현실감이 크게 떨어져 있음을 알 수 있다.

둘째, 고잔신도시상권의 경우 신도시 건설을 배경으로 새로이 형성되는 상권이였기에 상권이 정착되기까지 단기 5년, 장기 10년은 지켜봐야 한다는 사실을 간과했다.

셋째, 고잔신도시의 경우 기존 여타 신도시들보다 택지개발계획상 상가용지가 차지하는 비중이 높았고, 또한 도로 맞은편에 소재한 고잔중앙역상권의 흡입력이 매우 강해 고잔신도시 입주민들이 고잔중앙역상권을 여전히 이용할 수 있다는 점, 그리고 이로 인해 분양받은 상가의 공실이 우려된다는 점 등을 간과했던 것이다.

뒤늦게나마 H씨 역시 이런 이유로 상가 투자에 실패했음을 절실히 깨닫게 되었고, 이를 반면교사 삼아 그 이후의 부동산 투자에서는 승승장구할 수 있었다. 말 그대로 비싼 수업료를 치른 셈이었다.

상식에서 벗어날 만큼

지나치게 높은 수익률은

반드시 의심하고 경계하라.

정부정책을 알면
돈이 보인다

"부동산 투자로 부자가 되고 싶다면 정부정책이 부동산시장을 좌지우지하는 현실을 직시해야 합니다. 그리고 한발 더 나아가 정부정책을 통해 부동산시장의 변화와 흐름을 예측하고 발 빠르게 대응할 수 있어야 합니다."

_강남 부동산 부자 K씨(75세)

정부가 부동산시장에 인위적으로 개입한 1967년 이후 최근까지 부동산 정책은 크게 3가지 방향으로 수립되어 왔다.

첫째, 우리가 냉탕정책이라고 말하는 '부동산 투기억제 및 가격안정대책'이다. 이는 부동산시장의 과열 및 투기행위를 막기 위한 규제정책으로 볼 수 있는데, 주로 부동산시장 과열기(활황기) 때 등장했다. 과거 노무현 정부, 현재 문재인 정부의 부동산 정책과 궤를 같이한다.

둘째, 온탕정책이라고 말하는 '부동산거래 및 경기활성화대책'이다. 침체된 부동산시장을 살리고 이를 통해 경기회복까지 도모하려는 규제완화정책으로 볼 수 있는데, 주로 부동산시장 침체기(불황기) 때 등장했다. 지난 박근혜 정부가 그랬다. 셋째, 전세난을 해결하고 서민들의 주거생활을 안정시키기 위한 '서민주거안정대책'이다. 이는 전세자금의 지원, 임대주택의 공급확대, 신도시개발을 통한 주택공급확대 등과 같은 보다 현실적인 방법으로 나타난다. 과거 여러 정부에서 민심을 얻기 위한 방편으로 활용되었다.

냉탕과 온탕을 반복하고 있는 우리나라의 부동산 정책

지금까지 우리나라의 부동산 정책은 이른바 '냉탕과 온탕'을 번갈아가는 모양새를 보이며, 일관성을 보여주지 못했다. 평균 1년에 한 번씩 규제정책이 나왔고 2년에 한 번씩 규제완화정책이 나왔을 정도였다. 부동산 정책이 경기상황과 정치적 판단에 따라 냉탕과 온탕을 왔다 갔다 한 것이다. 심지어는 같은 정부 시기에도 냉탕과 온탕을 번갈아가며 정책의 일관성을 포기한 적도 있었다.

물론 부동산 정책은 경기상황에 따라 다소 달라질 수는 있다. 경기가 지나치게 과열되고 있다고 판단되면 냉탕정책(규제정책)을 써야 할 필요가 생기는 반면, 경기가 지나치게 침체되어 있다면 온탕정책(규제완화정책 내지 시장활성화정책)을 쓸 필요가 있기 때문이다. 다만 경기상황이 아닌 정치적 판단에 따라 부동산 정책이 결정되는 경우도 적지 않았는데, 특히 새로운 정부가 들어설 경우 직전 정부의 부동산 정책이

뒤집히는 경우도 많았다. 의식주의 하나인 부동산(주택)이 국민생활에 미치는 파급력을 감안한다면 정부 입장에서도 부동산 정책을 결코 가벼이 여길 수 없기 때문이라 생각된다.

여하튼 지난 30~40년을 돌이켜보면 국내 부동산시장은 정부정책에 따라 냉탕과 온탕효과를 반복적으로 경험해왔고, 이에 따라 부동산 가격도 크게 요동쳐왔다. 정부정책의 변화에 따른 냉탕과 온탕 효과로 수많은 사람들이 울고 웃었는데, 아이러니하게도 그 속에서 한국의 최상위층 부자들이 대거 탄생될 수 있었다.

정부정책에 발맞춰 강남개발붐에 동참한 K씨

앞서 인터뷰한 K씨 역시 정부정책에 발맞춰 부동산에 투자했고, 이를 통해 한국의 최상위층 부자로 거듭날 수 있었다. 그가 부동산 투자에 본격적으로 관심을 가졌던 시점은 1970년대 후반 강남개발 붐이 일던 시기였다. 당시는 정부 주도하에 서울 서초구 반포동(당시에는 강남구 반포동이었음)과 강남구 압구정동 일대가 대단지 아파트로 개발되면서 한국인들의 주거생활에 본격적인 아파트 시대가 열렸던 시점이었다. K씨는 그 당시 압구정동에 대단지 아파트를 공급했던 모 건설사를 다녔던 친척의 권유로 아파트 2채를 매입하면서 부동산 투자에 눈을 뜨게 되었다. 결과적으로 정부정책이 강남개발붐을 통해 부동산 시장을 견인했고, 부동산 가격의 급등을 초래한 셈이었다.

K씨에게 두 번째 부동산 투자기회를 제공한 것은 아이러니하지만 대한민국 초유의 국가부도사태인 IMF 외환위기였다. 이른바 '국민의 정부'로 불렸던 당시 김대중 정부는 출범과 함께 맞이하게 된 IMF 외환위기를 극복하고 국내의 경기불황을 타개하기 위해 수많은 정부정책을 내놓았다. 특히 외국인 투자자에게까지 부동산 거래를 자유롭게 허용한다는 파격적인 정책을 취했으며, 이를 통한 경기회복 및 부동산시장의 활성화에도 많은 공을 들였다.

실제로 김대중 정부는 직전 김영삼 정부에서 묶어두었던 각종 부동산 규제들을 다양한 정부정책을 통해 전면적으로 풀었다. 여기에는 분양가상한제 폐지, 아파트 분양권 전매허용, 재건축 아파트 입주권 거래허용, 취·등록세 및 양도세 감면, 부동산 담보대출 규정완화 등이 포함되어 있었다.

그 당시 정부정책의 방향이 부동산시장의 활성화에 맞춰져 있음을 확신한 K씨 등 많은 투자자들은 법원경매 부동산 입찰, 대물변제용 부동산 매입, NPL 부동산 투자, 재개발·재건축 투자, 근린상가 및 오피스텔 신축 등을 통해 커다란 수익을 올릴 수 있었다.

반면 김대중 정부에 이어서 등장한 노무현 정부(참여정부)는 적어도 외형적으로는 부동산 투기를 근절시키려는 의지를 강하게 보이면서 냉탕정책을 펼쳤다. 버블세븐지역(강남·서초·송파·목동·분당·평촌·용인)의 아파트 가격급등으로 인한 사회적·경제적 폐해를 막고 과열된 부동산시장을 냉각시키기 위해 앞선 정부가 풀어줬던 각종 부동산 규제들을 다시 묶거나, 심지어 이전에는 존재하지도 않았던 새로운 규제정책, 즉 DTI(총부채상환비율)제도, 종합부동산세제도 등을 도입하는 등

강력한 부동산시장 억제책을 내놓기도 했다.

하지만 부동산 투기근절과 배치되는 각종 개발사업, 즉 행정복합도시, 기업도시, 혁신도시 등을 동시에 추진하면서 사실상 온탕정책과 같은 부동산 가격 상승효과를 초래하기도 했다. 사실 이런 이유로 김대중 정부와 노무현 정부 집권기인 지난 10여 년간을 한국 부동산시장의 최고 호황기였다고 기억하는 사람들도 적지 않다.

K씨에게 세 번째 부동산 투자기회를 제공한 것은 박근혜 정부였다. 경기불황을 극복하고 부동산시장을 회복시키기 위해 기존에는 감히 생각지도 못할 강력한 온탕정책, 즉 DTI 및 LTV 규제완화와 함께 재건축 기간단축(기존 40년에서 30년으로 단축)을 추진하면서 주택거래량 최고점 돌파 및 주택가격 상승효과를 가져온 것이었다.

이런 기회를 절대로 놓칠 리 없었던 K씨 역시 대출을 활용해 강남권 재건축단지(서초구 반포동, 서초구 잠원동, 강남구 대치동) 3곳에 집중적으로 투자했고, 불과 3년도 채 지나지 않아 적지 않은 차익을 얻을 수 있었다.

K씨의 투자사례에서 봤듯이 우리가 정부의 부동산 정책에 주목해야 하는 이유는 부동산 가격에 영향을 미칠 수 있는 여러 독립변수들 중 부동산 정책이 가장 강력한 변수 중 하나라는 사실 때문이다. 정부가 내놓는 부동산 정책이 부동산 가격에 직접적 내지 간접적으로 큰 영향을 미칠 수 있으며, 한발 더 나아가 부동산시장의 흐름마저 바꿔놓을 수 있는 기폭제로 작용할 수 있다는 점을 주목하자.

정부정책이 부동산시장 및 가격에
영향을 미치는 주요 변수임을 명심하고,
이에 대응하는 투자전략을 세워야 한다.

월세가 나오는
부동산에 투자하라

"부동산 투자로 알부자가 되고 싶다면 월세가 나오는 부동산에
투자해야 합니다. 월세가 나오는 부동산은 현금흐름을 확보할
수 있다는 점에서 매력적인 투자대상입니다."

_월세의 여왕으로 소문난 A씨(52세)

2008년 하반기 터진 글로벌 금융위기 여파로 대한민국에 저금리
시대가 도래하면서 월세가 나오는 부동산에 투자자들의 관심이 쏠리
고 있다. 월세가 나온다는 말은 현금흐름이 양호하다는 말과 일맥상
통한다. 양호한 현금흐름이야말로 속이 꽉 찬 알부자의 잣대가 아닐
까! 실제로 내로라하는 부자들이 찾아오는 시중은행 PB센터에는 연
4~5%대 월세수익률이 나오는 서울 도심 및 강남권 부동산을 찾는
부자들의 발길이 연일 끊이지 않고 있다. 물론 그들 중 상당수는 마땅
한 매물만 나오면 즉시 매입하겠다는 공격적인 투자자들이다.

우연한 제안으로 시작해
월세의 여왕으로 거듭나다

월세가 나오는 부동산 투자로 큰돈을 모으면서 주변 사람들로부터 '월세의 여왕'으로 인정받게 된 A씨. 과거에는 그녀 역시 부동산 투자에 무관심했고, 중소기업에 다니는 남편의 뒷바라지와 자녀 2명의 교육에만 몰두했던 평범한 전업주부였다. 그러던 10여 년 전 어느날, 야근 후 늦은 시간에 퇴근한 남편으로부터 "직장생활이 너무 힘드네. 내가 회사에서 잘리면 우리 식구는 뭐 먹고 살지?"라는 자조 섞인 신세한탄을 듣게 되었다. 그 당시로서는 가족들이 살고 있는 목동 신시가지 아파트(전용 84m²) 1채 외에는 딱히 내세울 만한 자산이 전혀 없었던 A씨였기에 남편이 안쓰러우면서도 한편으로는 눈앞이 캄캄해졌다.

그로부터 며칠 후, 살고 있던 아파트단지 내 부녀회 모임을 통해 새로 이사 온 K씨를 알게 되었다. 그 당시 K씨는 서울 소재 다가구주택 2채를 보유하면서 매월 월세로만 1,800만 원을 받고 있었기에 남들보다 여유로운 삶을 즐기고 있던 중이었다. A씨는 K씨를 그저 부러워할 뿐이었다.

그러던 어느 날, A씨는 K씨로부터 뜻밖의 제안을 하나 받게 된다. 목 좋은 다가구주택 1채를 매입하려는데 자금이 다소 부족하니 공동으로 매입해볼 생각이 있는지를 물어본 것이다. 평소 A씨가 자신도 K씨처럼 안정적으로 월세를 받아봤으면 여한이 없겠다는 말을 심심치 않게 해왔던 까닭에 예상치 못한 제안을 받게 된 것이었다.

K씨로부터 뜻하지 않은, 그러나 내심 반가운 제안을 받은 A씨는 남편과 함께 며칠간 고심을 거듭한 끝에 K씨의 제안을 받아들이기로 결정했다. 돌이켜보건대 그날은 A씨가 월세의 여왕으로 태어난 제2의 출생일이었다. 구체적으로 전업주부 A씨가 월세의 여왕으로 거듭난 성공담을 들어보자.

수도권 지하철역 주변 임대용 부동산을 노려라

A씨의 첫 번째 투자대상은 10여 년 전 K씨와 공동으로 투자한 서울 관악구 신림동 지하철 2호선 신림역 인근 다가구주택이었다. 그녀가 K씨와 공동 매입한 다가구주택은 지하철역까지 도보 5분 거리에 위치한 초역세권 건물이었으며, 지하 1층~지상 6층 규모로 총 28실의 원룸이 자리하고 있었다.

해당 물건은 집주인의 사업실패로 금융기관의 대출이자가 연체되면서 법원경매로 넘어가기 직전, 급매로 나온 것이었다. 당연하겠지만 급매물의 성격상 적정시세(18억 원 이상 호가)보다 훨씬 저렴한 가격(16억 원)에 나왔다는 이점을 가지고 있었다. 게다가 해당 토지의 용도지역이 당시 준주거지역이었는데, 조만간 인근에 대형쇼핑몰이 들어서게 되면 그 일대가 상업지역으로 종 상향될 것이라는 소문이 인근 부동산 중개업소들을 중심으로 나돌고 있던 상황이었다. 만일 그렇게만 된다면 월세 수입은 물론이고, 덤으로 땅값 상승도 기대해볼 만한 유망 투자처임이 자명했다.

그런데 A씨의 수중에는 부동산에 투자할 만한 여윳돈이 충분치 않았다. 하지만 그녀는 우연찮게 찾아온 절호의 기회를 쉽게 포기하고 싶지 않았다. 해당 물건의 경우 매도인 측이 요구하는 가격이 16억 원이었는데, 원룸 임차인들의 보증금 2억 원을 인수할 수 있어 실제로는 14억 원이 들어가는 투자안이었다. 더욱이 K씨와 공동으로 투자하는 것이었기에 그녀가 부담할 금액은 사실상 7억 원이었다. 그렇다고 하더라도 투자할 여윳돈이 부족했던 A씨. 고민한 끝에 내린 결론은 거주하고 있던 목동신시가지 아파트를 담보로 시중은행에서 대출(5억 원)을 받고 나머지 부족한 금액(2억 원)은 매입할 다가구주택을 담보로 대출을 받아 해결하자는 것이었다.

사실 그녀가 지인들의 만류에도 과감히 대출받아 투자할 수 있었던 데는 원룸당 매월 35만~40만 원의 월세가 나오고 있었기에 가능한 일이었다. 급매로 값싸게 매입한 까닭에 만실 시 임대수익률이 연 9%까지 나왔는데, 이 덕분에 연 4.2%의 대출이율을 충당하고도 남는 장사라고 판단되었기 때문이었다. 더욱이 해당 물건을 매입한 지 얼마 지나지 않아 그 일대가 당초 소문대로 준주거지역에서 일반상업지역으로 종 상향까지 되었으니 그녀로서는 최상의 투자를 한 셈이었다.

그 후로도 A씨는 수도권 지하철역을 중심으로 임대용 부동산 매입하기를 반복하면서 명실상부한 월세의 여왕으로 거듭날 수 있었다. 특이한 점은 그녀가 보유하고 있는 부동산은 모두 월세가 나오는 원룸형 다가구주택이었으며, 지하철역까지의 거리가 도보 10분(직선거리

800m) 이내인 역세권 부동산이라는 것이었다.

2019년 현재, 그녀는 4채의 다가구주택을 보유하고 있다. 앞서 언급한 물건(지하철 2호선 신림역 인근 소재, 절반의 지분) 1채 외 서울 관악구 봉천동 지하철 2호선 서울대입구역 인근에 1채, 서울 동작구 상도동 지하철 7호선 상도역 인근에 1채, 그리고 경기 부천시 원미구 역곡동 지하철 1호선 역곡역 인근에 1채를 보유하고 있다.

그녀의 자산규모는 거주하고 있는 목동신시가지 아파트 1채를 제외하더라도 무려 65억 원에 달한다. 전업주부였던 10여 년 전과 비교해보면 그야말로 청출어람, 상전벽해라는 말이 떠오른다. 하지만 무엇보다 그녀를 부자대열로 이끈 일등공신은 매월 꾸준히 나오는 월세였다. 매입한 부동산 모두가 월세가 나오는 자산이었기에 양호한 현금흐름을 확보할 수 있었고, 그 덕분에 대출을 활용한 부동산 추가 매입도 비교적 수월하게 진행할 수 있었다.

월세가 나오는 부동산은

현금흐름을 확보할 수 있다는 점에서

매력적인 투자대상이다.

가장 잘 아는 분야와
연관 지어 투자하라

"부동산에 투자할 때 자신의 직업이나 잘 아는 분야와 연관 지어 실행할 것을 권합니다. 깊이 있는 지식과 오랜 경험을 살려 접근한다면 보다 좋은 결과를 얻을 수 있습니다."

_부동산 부자로 소문난 프랜차이즈 사업가 L씨(59세)

L씨는 한식, 중식, 일식을 포함해 커피숍, 분식집, 떡집, 치킨집 등 무려 11개나 되는 요식업 브랜드를 가지고 있는 프랜차이즈 대표이며, 수도권 곳곳에 여러 채의 상가와 빌딩을 가지고 있는 부동산 부자다. 사실 그를 잘 모르는 사람들은 그가 프랜차이즈 사업만으로 큰 부자가 된 줄로 생각하지만 지인들 사이에선 그가 부동산 투자로 승승장구했음이 공공연한 비밀이다.

물론 점포개발에 깊게 관여해야 하는 프랜차이즈 사업의 특성상 상권분석에 관한 전문가적 지식과 경험을 몸소 체득한 그였기에 가능한 일이었다. 분위기나 시류에 휩쓸려 투자하기보다는 자신의 직업이자 가장 잘 아는 분야, 즉 프랜차이즈 점포개발의 경험을 통해 체득한 자신만의 노하우를 살려 구분상가(점포)나 상가건물에 투자했고, 이를 통해 자산을 크게 불릴 수 있었던 L씨였다.

점포개발 경험 살려 상가 투자로
자산을 불린 프랜차이즈 사업가 L씨

L씨가 부동산 투자에 본격적으로 관심을 갖기 시작한 시점은 한일 월드컵이 열렸던 2002년경으로 거슬러 올라간다. 당시는 빠른 경기 회복과 함께 부동산시장이 막 상승바람을 타기 시작하던 때였다. 또한 이 시기는 그가 월급쟁이 직장인 신분에서 요식업 전문 프랜차이즈 사업가로 자리잡기 시작하던 때이기도 했다.

프랜차이즈 사업가라는 직업의 특성상 평소 상권과 점포(직영점 또는 가맹점)자리에 커다란 관심을 갖고 있었던 그에게, 지인의 소개로 알게 된 부동산 중개업자 P씨와의 인연은 단비 그 자체였다. 당시 P씨는 서울 강남 중개업소들 사이에서 꽤나 알아주던 상가 전문 중개업자였는데, 프랜차이즈 사업에 몰두하던 L씨에게 직접 현장을 보여주면서 목 좋은 상가를 고르는 방법, 상가에 맞는 업종을 발굴하는 방법 등 그야말로 알토란 같은 조언들을 아끼지 않았다.

부동산 중개업자 P씨를 통해 상가 투자에 눈을 뜨게 된 L씨. 그가 2002년 당시 주목했던 곳은 서울 강남구 논현동 영동시장 인근 먹자골목상권이었다. 사실 주변에서는 그 당시 사람들에게 인기가 많았던 종로나 대학로, 이대입구, 신촌사거리, 강남역, 건대입구 등 유명 인기 상권 내 위치한 상가에 투자하기를 권유했지만 맹목적인 따라쟁이식 투자를 무척이나 싫어했던 L씨에겐 이들 지역 내 상가들은 관심권 밖이었다. 대신에 그는 프랜차이즈 사업을 위한 점포개발을 위해 이미 충분한 현장답사 경험을 가지고 있었던 논현동 먹자골목상권에 큰 관심을 보였다.

충분한 현장답사 경험으로 논현동 먹자골목 상가빌딩에 투자하다

2002년 초겨울, L씨는 부동산 중개업자 P씨의 자문을 받아 서울 강남구 논현동 영동시장 인근 먹자골목상권에 위치한 대지면적 298m²(90평), 건물 총면적 720m²(218평)짜리 4층 규모의 낡고 허름한 근린상가건물을 시세 25억 원보다 다소 저렴한 22억 원에 매입했다. 이는 건물 노후화에 따른 관리상의 어려움과 1층 임차인의 임대료 연체가 겹치면서 건물주가 서둘러 급매물로 내놓았기에 가능한 일이었다.

먼저 매물의 입지를 살펴보면, 강남대로 이면이면서 전통시장 인접 먹자골목거리 내에 위치해 있었으며, 주변은 시장상가와 음식점, 노래방, 편의점, 옷가게, PC방 등이 혼재된 근린상권을 형성하고 있었다. 기존의 종로나 대학로, 신촌사거리 등과 비교해보면 그저 초라

해 보일 정도였다. 하지만 L씨와 부동산 중개업자 P씨의 생각은 달랐다. 이들은 향후 가치상승의 가능성을 눈여겨본 것이었다. 그들이 판단한 근거는 이랬다.

첫째, 경기회복이 빠르게 진행되면서 강남지역에 거주하는 20~30대 젊은 층을 대상으로 24시간 영업하는 유흥음식점들이 빠르게 자리 잡아가고 있었다. 실제로 다수의 TV방송국들이 논현동 먹자골목상권에 소재한 맛집들을 수시로 소개하면서 이 지역의 상가들은 적지 않은 유명세를 치르게 되었고, 그 덕분에 매출액도 급성장 중이었다. 결국 이런 흐름은 2019년 현재까지도 이어져왔고, 이젠 전국적으로 유명한 24시간 메이저 상권으로 자리매김했다.

둘째, 서울 강남권을 동서로 연결하는 지하철 9호선이 수년 내 개통될 예정이어서 이 일대로 진입하는 대중교통수단이 크게 개선되어 유동인구가 큰 폭으로 늘어날 것으로 판단했다. 실제로 지하철 9호선 신논현역 개통 이후 상권 접근성이 크게 개선되면서 유동인구가 큰 폭으로 늘었다.

셋째, 상권 확장으로 임차인 수요가 늘어나고 있는 만큼 20~30대 젊은 층의 취향에 맞춘 리모델링을 통해 증축공사까지 마친다면 임대료를 큰 폭으로 상향시킬 수 있을 것으로 내다봤다. 덤으로 장기연체 중인 임차인까지 명도할 수 있다면 일석이조라고 생각했다.

결과적으로 L씨의 판단은 옳았다. 그동안 해당 부동산은 지하철 9호선 개통(2009년 1단계, 2015년 2단계, 2018년 3단계 개통) 및 상권 확장에 따른 토지 가격 상승 및 리모델링을 통한 증축공사 기대효과 등으로 매입 당시 가격보다 크게 올랐는데, 2019년 현재, 80억 원 이상을 호가하고 있다. 자신이 가장 잘 아는 분야인 프랜차이즈 사업(점포개발업무) 경험을 활용한 부동산 투자가 만들어낸 놀라운 성과였다.

그 후에도 L씨는 요식업 프랜차이즈 사업과 연관시킨 점포개발 노하우를 살려 몇 차례의 부동산 투자를 이어갔고, 이를 통해 거액의 자산가로 거듭날 수 있었다. 2005년 서울 마포구 동교동 단독주택 매입 후 상가건물 신축(총투자금액 35억 원, 2019년 현재 시세 80억 원), 2010년 서울 강남구 역삼동 상가주택 매입 후 리모델링(총투자금액 30억 원, 2019년 현재 시세 65억 원), 2013년 서울 영등포구 당산동 대로변 상가건물 매입(총투자금액 45억 원, 2019년 현재 시세 80억 원) 등은 대표적인 부동산 투자 성공사례다.

깊이 있는 지식과 충분한 경험을 살릴 수 있도록

자신이 잘 아는 분야와 연관지어 투자하라.

부동산 증여를 통해 절세하라

> "살아생전에 재산을 분산시켜 자녀들에게 증여한다면 사후 상속재산이 줄어들어 절세효과를 누릴 수 있습니다."
>
> _여러 채의 상가빌딩과 일단의 토지를 보유하고 있는 J씨(79세)

수많은 부자들을 만나본 경험으로는 증여에 관심 없는 한국의 부자는 찾아보기 힘들었다. 빌딩매입을 통한 사전증여나 대출을 활용한 부담부증여는 그들이 즐겨 찾는 대표적인 부동산 절세전략 중 하나였다.

민법 제554조에 따르면 증여란 당사자 일방(증여자)이 무상으로 재산을 상대방에게 준다는 의사표시를 하고 상대방(수증자)이 그것을 승낙함으로써 성립하는 계약을 말한다. 증여를 통한 절세전략을 말할 때 비교대상으로 언제나 상속이 등장하는데, 상속과 증여는 재산을 무상으로 물려준다는 점에서 동일한 개념으로 볼 수 있다. 다만 세금

측면에선 상속세(사후개념)와 증여세(사전개념)는 서로 보완관계에 있다. 생전에 재산을 분산시켜 물려주면서 증여세를 부담하면 사후 상속재산이 줄어 상속세 부담이 크게 줄어들기 때문이다.

얼핏 보기에는 상속세와 증여세가 동일한 세율체계를 가지고 있어 납부해야 할 세금에 별다른 차이가 없어 보이지만, 일반적으로 부동산처럼 과세가액이 크고 가격 변동성이 있는 자산일 경우 생전에 증여하는 게 유리하다. 증여시점, 증여재산 공제제도, 부담부증여 등을 적절히 활용한 절세전략을 사용하면 추후 발생할 상속세를 크게 절감할 수도 있다. 다만 증여 시 공제액을 10년 기준으로 판단하므로 최소 10년간의 절세플랜을 세워놓고 추진하는 편이 좋다.

지인의 재산다툼 과정을 목격한 뒤 사전증여를 결심한 J씨

자문 상담을 위해 만났던 부동산 부자 J씨 역시 여느 부동산 부자들과 마찬가지로 이미 오래전부터 증여를 통한 절세전략을 실행하고 있었다. 그의 첫 번째 증여시점은 2002년 2월경이었다. 그 당시 J씨는 서울 강남구 논현동 지하철 7호선 논현역 인근에 소재한 대지면적 380m²(115평), 건물 총면적 926m²(280평), 지하 1층~지상 4층 규모의 근린상가주택을 본인 단독명의로 소유하고 있었다. 증여할 당시 해당 빌딩의 매도시세는 35억 원을 호가하고 있었지만 건축된 지 20여 년이 지난 까닭에 주변 임대시세보다 다소 낮은 임대료(매월 950만 원)를 받고 있었다. 하지만 해당 빌딩을 통해 직장인들의 월급처럼 매달 꼬박꼬박 돈이 들어오고 있었기에 그만 한 효자도 없었다.

지금에서야 말이지만 당초에는 아내와 3명의 자녀들에게 이 빌딩을 증여할 생각이 추호도 없었다. 설령 어쩔 수 없는 사정으로 아내와 자녀들에게 빌딩을 넘겨주더라도 그 시기는 최대한 늦춰볼 요량이었다. 빌딩 소유권을 일찍 넘겨주면 늙어가는 자신을 홀대할지 모른다는 불안감 때문이었다. 그러던 어느 날, 평소 가깝게 알고 지내던 지인 A씨(방배동 빌딩부자)의 갑작스런 사망과 그 후에 벌어진 A씨 자녀들 간의 재산다툼의 과정(소송으로까지 확산됨)을 목격한 후 사전증여 쪽으로 생각을 바꾸게 된 J씨였다.

침체기가 끝나갈 무렵 증여한다면 절세효과와 함께 자산증식효과까지

부동산 갑부라고 불리는 거액자산가들이 사후개념인 '상속'보다 사전개념인 '증여'에 더 큰 흥미를 보이는 것은 대개 절세전략과 부동산 가격 상승에 대한 기대감 때문이다. 먼저 절세전략 측면에서 살펴보자. 생전에 재산을 분산시켜 아내와 자녀에게 물려주고 증여세를 부담하면 사후 상속재산이 줄어 상속세 부담이 크게 줄게 되고, 또한 공제액 10년 기준을 활용할 경우 납부할 증여세마저 줄일 수 있다.

다음으로 부동산 가격 상승 기대감 측면에서 살펴보자. 부동산시장 침체기가 끝나갈 무렵, 즉 부동산 가격이 바닥이라고 생각될 때를 증여시기로 정하게 되면 과세표준이 낮게 형성되므로 절세효과를 누릴 수 있다. 아울러 증여 이후 부동산시장 회복기가 시작되고 부동산 가격이 빠르게 상승하게 되면 가격 상승분에 대해서는 별도로 세금을 납부할 의무가 없으므로 자산증식효과를 온전히 누리게 된다.

앞선 사례에서 빌딩부자 J씨가 아내와 자녀 3명에게 증여했던 서울 강남구 논현동 근린상가주택은 우연의 일치인지, 증여 직후인 2002년 가을경부터 가격이 지속적으로 상승했다. 하지만 오르기 전에 이미 증여를 마쳤고, 적법하게 세금도 납부했기에 가격이 크게 올랐음에도 소유권 이전에 따른 별도의 세금을 내지 않아도 되어 절세효과를 톡톡히 누릴 수 있었다. 2019년 현재, 이 빌딩은 최소 110억 원 이상을 호가하고 있다.

그 후로도 J씨는 증여플랜에 따라 3차례의 사전증여를 이어갔고, 이를 통해 효과적인 절세전략을 만들어갈 수 있었다. 2009년 서울 마포구 합정동 근린상가주택(증여 당시의 기준시가 25억 원, 2019년 현재 시세 65억 원), 2010년 서울 송파구 가락동 근린상가빌딩(증여 당시 기준시가 35억 원, 2019년 현재 시세 90억 원), 2016년 서울 강남구 삼성동 오피스빌딩(증여 당시 기준시가 160억 원, 2019년 현재 시세 300억 원) 등이 증여 대상이었다.

만일 J씨처럼 부동산시장 침체기 또는 회복기를 활용해 적법하게 소유권을 이전한 후 훗날 가격 상승으로까지 이어지게 된다면 증여로 인한 절세효과는 더욱 커진다. 하나(증여세)를 주고 2개(절세효과와 부동산 가치상승)를 얻는 것이니 절대 손해날 게 없는 장사가 아닌가!

침체기에 부동산을 사전증여하게 되면
당장의 절세효과는 물론, 훗날 시장 회복 시
온전한 자산증식효과도 누릴 수 있다.

저성장 시대에 맞춰 투자 마인드를 바꿔라

"저성장 시대를 살아가는 우리에겐 과거 고성장 시대와는 사뭇 다른 부동산 투자 마인드가 필요합니다. 일례로 분산투자를 통해 위험률을 낮추고, 높은 수익률을 고집하기보다는 환금성에 초점을 두고 투자해야 합니다."

_모바일 게임업체를 경영 중인 신흥 부동산 부자 C씨(41세)

지난 수년간 대한민국의 경제성장률을 살펴보면 평균 2.5~3.0% 수준에서 머물러 있음을 알 수 있다. 물론 2019년에도 별반 달라 보이지는 않는다. 최근 한국은행, 한국금융연구원, 한국개발연구원(KDI), 국제통화기금(IMF), 스탠더드앤드푸어스(S&P) 등 국내외 유수의 기관들이 잇따라 수정된 '2019년 대한민국 경제성장률 전망치'를 내놓고 있는데, 연초 그들이 예측했던 경제성장률 수치(2.6~3.0%)보다 더 낮은 2.1~2.5%선이었다.

문제는 이런 저성장 추이가 하루가 멀게 들려오고 있는 국내외 불안요인(미중 무역전쟁, 북한 핵폐기 문제, 중국의 사드 보복, 내수경기 침체, 최저임금 인상 등) 여파로 앞으로도 상당기간 이어질 가능성이 농후하다는 점이다. 설상가상으로 일부 지방권은 조선·해운업을 중심으로 기업 구조조정사태가 발생하면서 해당 지역경제는 파탄에 이를 지경으로 망가진 지 오래다. 이들 지역의 경우 저성장은커녕 마이너스성장이라는 냉혹한 현실을 받아들여야 할 형편이다.

대한민국은 이미 선진국의 상징인 경제협력개발기구(OECD)의 회원국이다. 게다가 지난 2018년에는 국민소득 3만 달러 시대로 진입함으로써 선진국 이정표를 하나 더 세우게 되었다. 한때 세계 최빈국이었던 대한민국이 1945년 광복을 맞이한 이후 73년 만에 명실상부한 선진국 대열에 자리한 것이다. 분명 국가적 경사가 아닐 수 없다. 하지만 기쁨보다는 걱정이 앞서는 것도 사실이다. 지나간 영광은 추억일 뿐, 앞으로 살아갈 길이 태산이다. 글로벌 경쟁시대를 맞이하게 되면서 한때는 선진국이었던 국가들 중 그리스, 스페인처럼 추락 이탈한 나라들이 심심찮게 등장하는 요즘이기 때문이다.

우리는 지금 경제적 저성장 시대에 살고 있다. 그리고 이런 시대 상황은 국내외 경기침체가 지속되고 저출산·고령화가 해소되지 않는 한 앞으로도 상당기간 이어질 것으로 예상된다. 과거 수십 년간 '한강의 기적'이라는 찬사를 받으며 고성장을 누려왔던 대한민국 역시 저성장이라는 선진국병에 걸려, 과거의 영광에 안주했다가는 언제 어느때 선진국에서 이탈할지 아무도 모른다.

현실은 결코 녹록치 않다. 미국, 일본, 독일 등 1세대 선진국과 중국, 인도, 베트남 등 신흥 개발도상국 사이에서 산업경쟁력이 점차 약화되고 있기 때문이다. 어쩌면 저성장 시대가 빠르게 고착화되고 있다는 현실을 냉정히 받아들이는 편이 나을지도 모른다. 따라서 과거와 같은 고성장 시대의 획일적인 부동산 투자방식으로는 돈 벌기가 더 이상 쉽지만은 않다. 자의든 타의든 이제는 부동산 투자자도 저성장 시대에 맞춰 새로운 마인드로 갈아타야 할 때로 보인다.

저성장 시대가 고착화되면 부동산시장의 패러다임마저 바뀔 것

대한민국에 저성장 시대가 고착화된다면 부동산시장은 어떻게 변할까? 한 치의 오차도 없이 정확하게 예측하기란 결코 쉽지 않겠지만 한 가지 분명한 사실은 기존의 고성장 시대와는 근본적으로 다른 새로운 변화를 겪게 될 것이며, 이는 부동산시장의 투자 패러다임마저 바꿀 것이라는 점이다.

일례로 주거용 부동산시장의 경우 규모적 측면에서 다운사이징화(소형주택 선호현상), 입지적 측면에서 직주근접화(직장이 몰려 있는 도심 근접 역세권 주거지 선호현상), 이용적 측면에서 공유경제화(셰어하우스)가 더욱 심화될 것으로 보인다. 상업용 부동산시장의 경우 수익성에 대한 기대치는 다소 낮아지더라도 환금성이 투자 여부를 판가름하는 잣대가 될 것으로 예상된다. 실제로 부동산 투자에 관심 많은 자산가들 역시 저성장 시대를 맞아 과거와는 사뭇 다른 투자패턴을 하나씩 찾아가고 있었다.

유형1

분산투자를 통해 위험률을 낮춰라

부동산 투자로 갑부가 된 K씨(75세)는 1970~1990년대 미개발된 토지(전, 답, 과수원, 잡종지, 임야 등)에 투자해 큰돈을 벌었다. 투자대상지역 역시 서울 강남 및 경기도 용인에 집중되었는데, 운 좋게도 훗날 이들 지역이 대규모 택지개발사업으로 전격 수용되면서 거액의 토지보상금을 챙길 수 있었다. 물론 그 당시는 매년 경제성장률 10%를 넘나들었을 정도로 고성장을 질주하고 있었고, 이에 발맞춰 신도시 개발 붐이 한창이었기에 가능했던 일이었다.

하지만 그도 한때는 잘못된 부동산 투자로 시련을 겪었다. 20여 년 전, 평소 알고 지내던 건축업자를 통해 서울 서초구 방배동 고급빌라 5채(총 70억 원)에 몰빵 투자했다가 금전적 손해는 물론, 정신적으로도 큰 고통을 받았던 뼈아픈 기억을 가지고 있었다. 그때 이후로 K씨는 부동산에 투자할 때 반드시 유형별(아파트, 오피스텔, 상가, 토지 등), 지역별 분산투자를 기본원칙으로 삼아 성공적인 투자를 이어가고 있다.

유형2

양도차익보다 임대수익에 무게중심을 둬라

수익형부동산을 매입해 은퇴 이후를 준비하려는 대기업 임원 L씨(58세). 베이비부머 세대인 그에게 이른바 '100세 시대'는 축복이기보다는 또 다른 걱정거리일 뿐이다.

사실 그가 신입직원일 때만 해도, 아니 대리나 과장일 때만 해도 대한민국은 고성장 시대를 달리고 있었기에 당장 은퇴 이후를 걱정할 필요는 없었다. 하지만 지금은 다르다. 저성장 시대에 접어들면서 기업들은 구조조정 등을 통해 생존을 모색하고 있고, 안정적인 일자리는 감소하고 조기퇴직이 늘고 있는 반면, 국민연금마저 재원부족 등을 이유로 지급시기를 늦추려고 한다. 직장인들이 은퇴 이후를 걱정하지 않을 수 없는 현실이다.

일반적으로 저성장하에서는 가처분소득이나 실질구매력의 증가로 인한 부동산의 가치상승을 기대하기란 쉽지 않다. 따라서 단기간 내 양도차익만을 노리고 투자하기보다는 중장기적인 관점에서 임대수익에 보다 큰 비중을 두고 투자하는 게 좋다. 더 이상 고성장을 기대할 수 있는 대한민국이 아닌 만큼 부동산 투자에 임하는 자세도 분명코 달라져야 할 것이다.

유형3
환금성이 뛰어난 부동산에 투자하라

인터넷 쇼핑몰사업으로 신흥부자의 반열에 오른 P씨(39세). 30대초반, 퇴직금으로 시작한 인터넷 쇼핑몰사업이 초대박을 치면서 큰 돈을 모은 그녀의 요즘 관심사는 사세 확장에 따른 사옥용 빌딩의 매입이다. 일부 대출을 포함해 100억 원 안팎의 자금을 투자하되 수도권 외곽보다는 임대수익률이 높은 서울 강남구 신사동 가로수길이나 서울 마포구 서교동 홍대입구처럼 상권이 뛰어난 도심지에 입지하길 원한다. 과거와 달리 대한민국이 저성장 시대에 접어든 만큼 수익성에 비중을 두고 접근하기보다는 유사시 빠른 현금화가 가능한지 여부, 즉 환금성에 더 큰 비중을 두고 투자하려는 생각에서다.

저성장 시대가 부동산 투자 마인드마저 바꿔버린 셈이다.

저성장 시대에는 새로운 패러다임으로 접근하라.

분산투자를 통해 위험률을 낮추고,

양도차익보다는 임대수익에 무게중심을 두며,

단기 수익성보다는 환금성이 뛰어난

부동산에 투자하라.

영화 〈빅쇼트〉를 바라보는
부자들의 불편한 시선들

"하늘 높은 줄 모르고 연일 치솟는 강남 재건축시장, 투기적 과
열양상을 보이고 있는 아파트 분양시장, 당첨되는 것 자체가 바
로 로또당첨이라는 점포겸용 단독주택용지 청약열풍 등은 이
미 실수요자가 접근할 수 없을 정도입니다. 더욱이 나날이 증
가하고 있는 가계부채를 생각하면 조만간 영화 〈빅쇼트(The
BigShort)〉가 현실화될지도 모릅니다."

_강남 빌딩부자 T씨(69세)

빅쇼트는 주로 주식시장에서 사용하는 용어로 '가격이 하락하는 쪽
에 베팅하는 것'을 말하며, 흔히 '공매도'라고 불린다. 영화 〈빅쇼트〉
는 서브프라임 모기지 사태(2007년)로 글로벌 금융위기를 초래했던 당시
사건을 배경으로 한다. 비록 국내에서는 뒤늦게 상영되어 대중적으로
는 큰 인기를 끌지 못했지만 경제 분야, 특히 부동산경제를 다루고 있
어 적지 않은 반향을 가져왔다. 실제로 자문 상담을 통해 만나본 몇몇
부자들은 영화 〈빅쇼트〉를 언급하면서 우리나라 부동산시장의 이상과
열현상을 다소 걱정스러운 시선으로 바라보고 있었다.

여기서 영화 〈빅쇼트〉를 잠시 들여다보자. 2005년 미국의 주택시장이 거품논란 속에 위험징후를 보이고 있다고 판단한 4명의 주인공들은 다가올 부동산 폭락장을 예견하면서 부동산 가격이 폭락하면 큰 수익을 내는 신용부도 스와프상품에 베팅하게 된다. 영화 속 주인공들이 주택시장의 폭락을 나름 자신 있게 예견할 수 있었던 것은 당시 미국 정부의 저금리 정책과 서브프라임 모기지 때문이었다.

저금리 기조 속 부동산 가격 폭등과 가계대출 급증에서 출발한 붕괴

사실 미국의 주택시장 붕괴는 미국 정부의 저금리 정책과 관련이 깊었다. 당시 미국 정부는 2000년 IT버블, 2001년 9·11테러, 2003년 이라크전쟁 등으로 자국의 내수경기가 침체의 늪에 빠지자 기준금리 인하 카드를 꺼내들었다. 역사상 최저금리 수준인 1%까지 내렸는데 이로 인해 저금리가 지속되고 시중에 부동자금이 넘쳐나면서 실물인 부동산 가격이 급등했던 것이다. 그리고 이때 하위신용등급인 서브프라임등급의 사람들에게 집값의 100% 수준까지 담보대출을 허용했다. 미국 정부와 금융기관들이 훗날 주택시장의 붕괴로 이어질 수 있는 시한폭탄을 무서운 줄 모르고 만들어냈던 셈이다.

미국 주택시장의 붕괴는 빠르게 현실화되었다. 주택시장 붕괴를 가져온 시한폭탄의 뇌관을 건드린 것이었다. 미국 정부가 부동산 가격이 폭등하고 경기가 과열되자 이를 진정시키려는 목적으로 기준금리를 2004년부터 끌어올리기 시작했는데, 2006년도에는 최고 5.25%까지 올렸다. 갑작스러운 금리인상은 당시 변동금리로 집값의 100% 내외 수준에서 대출받아 집을 샀던 서브프라임등급의 사람들에게 잔혹한 공포영화 그 자체였다. 안타깝게도 변제할 준비가 전혀 안 된 상태에서 금리가 오르기 시작하자 2007년도부터 대출이자를 연체하고 대출원금을 갚지 못하는 신세로 전락하게 되었다. 이 모든 불행은 부동산 가격 폭등과 가계대출 급증에서 출발했음은 물론이었다.

결국 영화 속 주인공들의 예상대로 2007년 4월 서브프라임 모기지 부실사태가 발발하게 되었고, 2008년 9월 글로벌 금융위기가 찾아왔다. 물론 영화 속 주인공들은 2005년경 이미 폭락장을 예견하고 있었고, 실제로 2007년 4월 서브프라임 모기지 사태가 발발하면서 빅쇼트를 통해 큰돈을 벌 수 있었다. 하지만 거의 대부분의 부동산 투자자들은 안타깝게도 적지 않은 재산적 손실과 좌절감을 맛볼 수밖에 없었다.

최근 몇 년 사이 과열된 부동산시장, 과연 괜찮은 것인가

2018년 9·13 부동산 대책이 나오기 전까지 수년간 대한민국 부동산시장은 시중에 풀린 1,100조 원의 부동자금과 2~3%대 대출금리 등에 힘입어 부동산의 유형과 대상지역의 구분 없이 가격 상승세를 보였다. 특히 강남 재건축시장, 강북 재개발시장, 아파트 청약시장, 오피스텔 분양시장, 상가빌딩 매매시장, 점포겸용 단독주택용지 청약시장 등에는 묻지마식 투자가 성행할 만큼 뜨거웠다.

문제는 부동산 매입 시 부족한 자금을 메우기 위해 전세를 끼고 매입하는 이른바 '갭투자'나 은행의 담보대출상품을 활용한 '레버리지투자'가 빠르게 확산되면서 부동산 가격 하락 시 부실위험에 빠질 가능성이 훨씬 커졌다는 사실이다.

한국은행이 발표한 자료에 따르면, 2018년 말 기준 대한민국의 가계부채는 1,535조 원에 달한다. 더욱이 가계부채 증가속도는 세계에서 두 번째라고 하며, 국제통화기금(IMF)은 한국의 가계부채 증가 추이를 심각한 수준으로 여기고 대책마련을 권고하기에 이르렀다. 다만 근래 들어 T씨처럼 영화 〈빅쇼트〉를 언급하는 부자들이 하나둘씩 늘고 있다는 점은 주목할 필요가 있다.

부동산시장의 위기를 기회로 여기는 일부 부동산 부자들에겐 빅쇼트가 기대되는 이벤트 정도로 생각될 수 있겠지만, 부동산 투자를 고려 중인 적지 않은 부자들은 깊은 우려감을 보이고 있다. 미국의 부동산시장이 저금리 기조하에 비정상적인 과열양상으로 치달으면서 2007년 서브프라임 모기지 사태와 2008년 글로벌 금융위기 사태가 촉발된 만큼, 최근 몇 년 사이 과열된 우리나라의 부동산시장을 감안한다면 영화 〈빅쇼트〉를 바라보는 부자들의 시선이 불편해 보이는 것은 어쩔 수 없을 듯하다.

저금리 기조 속 지나치게 과열된 부동산시장은
영화 〈빅쇼트〉를 현실화시킬지도 모른다.

PART
4

부자들로부터
배우는
투자습관

부동산 전문가를
활용하라

"세금에 관한 문제가 발생하면 별다른 고민 없이 세무사에게 맡기고, 법적분쟁이 생기면 지체 없이 변호사를 찾아가면서도, 정작 큰돈이 들어가는 부동산에 투자할 때는 전문가의 의견을 구하지 않고 섣부른 결정을 하는 사람들이 적지 않습니다. 그런 사람들은 투자에 실패할 가능성이 높습니다."

_전직 종합병원장 출신 거액자산가 S씨(71세)

'1만 시간의 법칙'이란 것이 있다. 이것은 심리학자의 실증된 연구 결과인데, 어느 분야건, 어떤 천재성을 지녔건 전문가가 되려면 적어도 1만 시간의 연습과 노력이 필요하다는 이야기다. 현실적으로 볼 때 1만 시간은 어떤 사람이 특정 분야에서 최소 10년 이상의 경험과 끊임없는 배움을 통해야 비로소 만들어진다고 한다. 전문가는 그렇게 탄생하는 것이다.

'1만 시간의 법칙'을 통해
탄생하는 전문가들

S씨 역시 지난 40여 년간 종합병원 의사와 원장으로 재직해왔던 의료 분야의 최고 전문가 중 한 사람이다. 사실 그처럼 종합병원에서 일하는 베테랑 의사들은 돈은 많이 벌어도 환자진료와 치료에 바빠 재테크는 커녕 쉴 수 있는 시간조차 턱없이 부족하다고 한다. 하지만 그는 매우 현명한 부자였다. 그 자신은 의료가 아닌 부동산, 세무, 금융 등 여타 재테크 분야에서 문외한임을 잘 알고 있었고, 또 이를 해결할 대안도 가지고 있었다. 즉 믿고 의지할 수 있는 전문가를 우군으로 만들고 활용하는 방법을 잘 알고 있었던 것이다.

사실 IMF 외환위기와 글로벌 금융위기를 거치면서 우리나라도 다른 나라와 마찬가지로 금융기관의 PB센터에 소속된 전문가들을 활용한 자산관리 및 재테크가 매우 현실적이고 합리적인 대안으로 자리했다. 특히 자산의 70% 이상이 부동산인 한국의 부자들에게 부동산 전문가를 활용한 자산관리 및 재테크 자문 서비스는 그 중요성이 나날이 커지고 있는 실정이다. 앞서 인터뷰한 S씨 역시 금융기관 PB센터에 소속된 부동산 전문가를 활용해 재테크에 성공한 경험을 가지고 있었다. 그가 부동산 전문가를 활용해 자산관리 및 재테크에 성공한 사례를 구체적으로 살펴보자.

S씨는 종합병원 의사로 재직하고 있던 2006년 3월경, 우연한 기회에 같은 병원에서 근무 중인 동료 의사의 소개로 시중은행 PB센터에 소속된 부동산 전문가를 소개받게 되었다. 평소 부동산을 통한 재테

크에 관심은 많았지만 너무나도 바쁜 일과로 엄두조차 나지 않았던 그였기에 부동산 전문가와의 만남은 가뭄의 단비와도 같았다. 마침내 그는 소개받은 부동산 전문가의 자문에 따라 향후 개발가능성이 높은 서울 도심지 부동산에 투자하기로 결심한다.

부동산 전문가의 자문을 통해 매입한 광희동 단독주택 투자 성공사례

부동산 전문가가 당시 소개했던 물건은 서울 중구 광희동에 소재한 낡고 오래된 2층 규모의 단독주택이었다. 물론 중간(1983년 11월)에 대수선을 했지만 건축물대장을 열람해보니 1966년 8월에 지어진 목조 연와조 주택이었다. 등기사항전부증명서(구 부동산등기부등본)를 열람해보니 대지면적은 116m²(35평), 건물 총면적은 149m²(45평)였다. 한편 이용현황을 살펴보면 건물 전체를 여관업자가 시세에 훨씬 못 미치는 임대료를 내면서 장기로 임차해 사용하고 있었다. 부동산 투자에 문외한이었던 S씨로서는 선뜻 마음에 내키지 않는 그저 그런 매물이었다.

하지만 부동산 전문가의 생각은 달랐다. 비록 건물은 오래되고 낡았다지만 명색이 사대문 안인 서울 도심지 사거리에 위치해 있었고, 지하철 3개 노선이 환승되는 도보 5분 거리 내 초역세권(2호선, 4호선, 5호선의 동대문역사문화공원역)이었으며, 인근에 대규모 쇼핑타운들이 입지해 있다는 점, 그리고 무엇보다 토지이용계획상 용도지역이 일반상업지역이라는 점은 향후 상권 확장 및 개발 가능성을 담보한다고 볼 수 있어 매력적인 투자대상이라고 생각했던 것이다.

고심을 거듭한 끝에 S씨는 부동산 전문가의 자문을 따라 투자를 결정했다. 그가 매입한 가격은 당시로서는 주변 시세보다 다소 비싼 7억3,500만 원(토지 가격 환산기준 3.3m²당 2,100만 원)이었는데, 이는 개별 공시지가(3.3m²당 940만 원)의 2.2배를 넘어서는 수준이었다.

하지만 세월이 흘러 광희동사거리 단독주택 인근은 다양한 개발 호재에 힘입어 개발업자들이 선호하는 최고의 유망지역으로 각광받게 되었다. 중국인, 일본인, 동남아인 등을 중심으로 외국인 관광객들이 몰려들면서 정부가 '관광숙박산업 활성화 방안'에 관한 특별법을 제정(2012년 7월)함에 따라 외국인 관광객 유치를 위한 비즈니스호텔의 개발 활성화가 기대되었기 때문이었다. 물론 S씨가 투자한 광희동사거리 단독주택 역시 한때는 동대문역사문화공원역 일대를 대상으로 비즈니스호텔을 개발코자 하는 시행사와 시공업체들의 매도요청에 몸살을 앓은 적도 있었다.

최근 30억 원(토지 가격 환산기준 3.3m²당 8,570만 원)을 주겠다는 개발업자가 나타났다. 하지만 그가 인근 부동산 중개업소에 알아본 바에 따르면, 거래되었거나 매물로 나온 유사 물건의 경우 최소 35억 원(토지 가격 환산기준 3.3m²당 1억 원) 이상을 호가하고 있었다. 이에 따라 S씨는 당장 서둘러 매도하기보다는 좀 더 지켜보기로 했다. 부동산에 문외한이었던 그가 이처럼 투자에 성공할 수 있었던 데는 신뢰할 수 있는 금융기관에 소속된 부동산 전문가의 자문이 주효했다.

부동산에 투자할 때도 전문가를 활용한다면

불필요한 시간낭비를 줄이고

보다 큰 성과를 얻을 수 있다.

부동산 부자가 되고 싶다면 세금박사가 되라

"부동산으로 부자가 되고 싶다면 먼저 세금박사가 되어야 합니다. 세금효과를 고려하지 않고 부동산을 거래할 경우 자칫 세금 폭탄을 맞아 뜻하지 않은 낭패로 이어질 수 있습니다."

_강남에서 동물병원을 경영하고 있는 수의사 K씨(59세)

K씨의 외견상 직업은 동물병원을 경영하는 원장 수의사다. 하지만 지인들은 그를 세금박사라고 부른다. 특히 부동산 투자 및 관리에 관한 세금지식은 전문가의 뺨을 칠 정도로 대단하다. 하지만 그에게도 아픈 기억은 있었다.

10여 년 전, K씨는 평소 알고 지내던 부동산 중개업자의 소개로 서울 강남구 신사동에 위치한 상가빌딩 1채를 매입하게 되었다. 매도자의 딱한 사정 때문에 시세(60억 원)보다 다소 저렴한 가격(55억 원)에 나온 급매물이었다. 그런데 얼마 뒤 뜻하지 않은 문제가 발생했다. K씨가 관할 국세청으로부터 세무조사 대상자로 선정된 것이다. 억울하게도 K씨로서는 영문도 모른 채 세무조사를 받게 된 셈이었다.

대출 없이 상가빌딩 사들였던 게 세무조사 빌미로 작용해

국세청이 K씨를 세무조사 대상자로 선정한 데는 국세청에 접수된 민원성 제보가 발단이었다. 서울 강남에 소재한 동물병원들이 초호황을 누리면서도 세금납부에 소홀하다는 민원성 제보가 끊이지 않는 상태에서, K씨의 경우 직전에 고급주택을 매입했던 상황인데도 또다시 대출 없이 일시에 큰돈을 들여 상가빌딩을 사들였던 게 화근이었다. 때마침 이를 눈여겨봤던 국세청이 부동산 매입에 따른 자금출처를 문제 삼아 세무조사를 나온 것이다.

세법은커녕 세무상식도 턱없이 부족했던 그였지만 상가빌딩의 매입과 관련된 자금출처를 소명하는 데 나름 최선을 다했다. 하지만 역부족이었다. 동물병원을 경영하면서 현금매출액 신고가 일부 누락된 것으로 밝혀졌고, 결국 그는 4억3천만 원이라는 거액의 세금을 추징당할 수밖에 없었다. 평소 세금납부만큼은 성실했다고 자평해왔던 K씨였기에 그 심적 충격은 더욱 클 수밖에 없었다.

아픈 만큼 성숙해진다고 그랬던가! K씨는 그 사건 이후로 완전히 다른 사람이 되었다. 시중은행의 PB센터에서 주관하는 각종 부동산 세금 관련 세미나에 단골로 참석하는 것은 물론, 세금에 관한 지식 습득에 많은 시간을 투자하게 되면서 어느덧 자타가 인정하는 부동산 세테크의 달인이 된 것이다. 한 가지 흥미로운 사실은 적지 않은 부자들이, 앞선 K씨의 사례에서 보았듯이, 애당초 세금에 무관심(또는 무지)했다가 어떤 사건 내지 사연을 계기로 세금박사로 거듭난 경우가 많다는 것이다.

임대료 인상을 시도하다
탈세신고 위협을 받은 C씨

자수성가형 부동산 임대업자 C씨(71세)의 안타까운 사연도 들어보자. 젊은 시절 밤낮을 가리지 않고 일에 매달려 자수성가한 C씨. 불과 얼마 전까지만 해도 그의 유일한 즐거움은 20여 년 전에 매입한 서울 서초구 방배동 소재 3층짜리 상가빌딩을 바라보는 것이었다. 그가 이 빌딩을 매입할 당시만 해도 대로변이었음에도 지하철역이 없어 상권이 취약했고, 경기불황 여파로 부동산 가격이 급락해 시세도 15억 원을 갓 넘긴, 적어도 가격적으로는 매우 가벼운 부동산이었다. 그런데 그 후 시간이 흘러 빌딩 코앞에 지하철역이 생기고 유동인구가 급증하면서 지금은 100억 원을 호가하는 고가 부동산으로 탈바꿈한 상태이니 말 그대로 상전벽해가 아닐 수 없다.

하지만 누가 그랬던가? 호사다마라고! 얼마 전부터 이 상가빌딩은 그에게 골칫거리가 되고 있다. 이유를 들어보니 잘못된 절세가 악재로 되돌아온 것이었다. 원인제공자가 자기 자신이었기에 어느 누구를

탓할 수도 없었다.

내용은 이랬다. C씨는 경기불황임을 감안해 지난 5~6년 동안 단 한 번도 임대료를 올리지 않았다. 그러나 얼마 전 주변 임대료 수준에 근접해 임대료 인상을 시도했다가 전혀 예기치 못하게 임차인들의 강한 반발에 부딪히게 되었다. 경기가 불황이라 장사도 안 되는데 임대료를 갑자기 올리면 너무 힘들다는 호소와 함께 만일 이대로 임대료 인상을 강행한다면 국세청에 건물주 C씨의 임대료 탈세 사실을 제보하겠다는 협박이었다.

사실 C씨는 임차인들의 묵인 아래 지금껏 그들에게서 받은 임대료를 제대로 신고하지 않았다. 오히려 축소한 금액을 세무서에 신고해 왔는데, 때마침 임대료 인상 시도로 임차인들과의 관계가 악화되자 그들로부터 탈세고발 위협에 시달리게 된 것이었다. 결국 C씨는 임대료 인상을 포기하기로 했다. 부동산 임대료 무신고에 따른 제척기간이 7년임을 감안한다면 그동안 미납한 세금은 물론이고, 자칫하다가는 덤으로 국세청 세무조사까지도 받을지 모른다는 불안감이 엄습했기 때문이었다.

게다가 복덩어리에서 골칫거리로 전락한 이 상가빌딩을 매각하려고 해도 넉넉한 보상 없이는 임차인들의 거센 저항이 불을 보듯 뻔해 이마저도 실행이 쉽지 않았다. 요즘도 C씨는 이 상가건물만 생각하면 불면증과 우울증이 생길 정도로 커다란 스트레스를 받고 있다. 그를 이처럼 힘들게 만든 것은 달콤했지만 잘못된 절세방법이었다.

일반적으로 부자들은 세금에 매우 민감하다. 더욱이 우리나라의 경우 부자들의 자산목록에서 부동산이 차지하는 비중이 70% 이상이라고 하니 부동산 절세방법은 항상 그들의 주요 관심사가 될 수밖에 없다. 하지만 부동산과 연관된 세금만 해도 무려 9가지나 된다. 즉 부동산을 매입하게 되면 취득세, 등록세, 부가가치세(건물만 해당)를 납부해야 하고, 부동산을 보유하게 되면 종합부동산세, 재산세, 종합소득세(임대소득)를 납부해야 하며, 부동산을 처분할 때는 양도소득세, 상속세, 증여세를 납부해야 한다. 부자들이 세금박사로 거듭나야 되는 이유가 바로 여기에 있다.

부동산을 매매하는 과정에서 발생할 수 있는
세금을 합법적으로 줄이는 절세방법을 알아봐야 한다.
평소 세금지식을 쌓고 조세정책 변화는 물론,
세법개정 등에도 많은 관심을 기울여
세금박사로 거듭나야 한다.

부동산 고수의 길에는 현장답사가 있다

"부동산 투자로 부자가 되고 싶다면, 현장답사를 즐겨야 합니다. 현장답사는 다다익선입니다. 현장답사 없는 이른바 '묻지마 투자'는 실패로 가는 급행열차입니다."

_부동산 투자경력 20년의 베테랑 투자자 D씨(55세)

D씨는 돌아가신 부친으로부터 물려받은 지방의 한 건설업체를 경영하면서 현장을 중시하는 부동산 투자에 눈을 뜬 사람이다. 사실 그의 부친은 젊은 시절부터 꾸준히 토지나 임야와 같은 부동산을 저가로 매입해 고가로 되팔면서 부동산 고수로 소문난 사람이었다. 그의 부친이 과거 부동산 고수로 명성이 자자했던 이유는 무엇보다 현장답사를 즐겨 했다는 데 있었다. D씨 역시 자신의 부친과 마찬가지로 현장답사를 최고의 투자습관이라고 여기며 실천해왔다.

부동산 현장답사,
총 3단계에 걸쳐 실행하라

D씨의 현장답사를 통한 성공사례는 토지에서 나왔다. 사연은 이랬다. 12년 전 어느 날, 한 지인으로부터 경기도 수원시 영통구 원천동에 소재한 토지(지목: 전, 답, 잡종지) 8,264m²(2,500평)를 개별공시지가 수준 가격인 3.3m²당 150만 원선에 급매로 매수해보는 것이 어떠냐는 제의를 받았다. 하지만 그로서는 일단 고민할 수밖에 없었다. 부동산 고수들 중에서도 최고수만이 접근한다는 땅을, 그것도 잘 모르는 지역의 땅에 37억5천만 원이라는 거액의 돈을 투자한다는 것은 결코 쉬운 일이 아니었기 때문이다.

고민을 거듭한 끝에 그가 내린 결론은 매입을 결정하기에 앞서 현장답사를 꼼꼼하게 해보자는 것이었다. 물론 현장답사는 단발성 이벤트에 그치는 것이 아니라 매입계약에 앞서 수회에 걸쳐 지속적으로 실행해보자는 것이었다.

평소 D씨의 지론에 따르면, 부동산에 대한 현장답사는 총 3단계에 걸쳐 실행하는 것이 좋다. 우선 현장답사 제1단계로 '사전조사단계'가 있다. 사전조사단계는 현장답사에 앞서 물건에 대한 사전정보 습득단계로 보면 된다. 일례로 토지의 경우, 토지 현황 및 이용에 관한 정보와 토지 가격에 대한 정보를 사전에 입수하는 단계로 볼 수 있다. 우선 토지 현황, 권리관계 및 이용에 관한 정보는 토지이용계획서, 토지대장, 임야대장, 지적도, 임야도, 등기사항전부증명서(구 부동산등기부등본) 등을 열람하면 얻을 수 있다.

이어서 가격에 관한 정보는 개별공시지가확인서를 열람해 공시지가를 확인하고, 등기사항전부증명서를 열람해 실거래가격을 확인하며, 대법원경매 홈페이지를 통해 유사물건에 대한 경매낙찰가격 및 감정평가가격을 얻으면 된다. 아울러 소유권, 저당권, 지상권 등 제반 법적권리관계는 등기사항전부증명서를 열람해 알아본다.

현장답사 제2단계로는 '임장활동단계'가 있다. 임장활동은 발품을 팔아 현장에 직접 가보는 것을 말한다. 임장활동은 현장답사의 핵심이며 두말하면 입이 아플 정도로 매우 중요하다. 토지에 대한 임장활동은 토지의 위치, 형상, 맹지 여부 등 내부 물리적 특성은 물론이고, 도로 및 철도 개설계획, 관공서 등 공공기관 입주계획, 공장 및 기업체 입주계획, 창고 및 물류센터 입주계획 등 외부 환경적 특성까지도 직접 발품 팔아 확인하는 일련의 과정을 말한다.

아울러 주변 부동산 중개업소를 최소 5곳 이상을 방문해 정상매물 및 급매물의 시세를 제대로 파악하는 과정을 추가하면 임장활동단계는 마무리된다.

현장답사 제3단계로는 '사후관리단계'가 있다. 임장활동을 통해 얻은 정보 및 기록은 반드시 정리해서 관리되어야 한다. 부동산 투자자에게 현장답사 시 사후관리가 중요한 이유는 임장활동을 통해 얻은 결론이 또 다른 새로운 부동산 투자로 이어지는 경우가 적지 않기 때문이다. 또 현장답사에 관한 사후관리가 잘 되어 있는 경우, 추후 2차, 3차로 이어지는 현장답사 시 중요한 기초자료로도 활용될 수 있다.

반복되는 현장답사 통해
유용한 투자정보 얻게 된 D씨

부동산 투자에 성공하기 위해 D씨가 내린 결론은 토지를 포함해 모든 부동산의 매입 여부를 결정하기 전에는 반드시 수차례의 현장 답사가 필요하다는 것이다. 또한 현장답사는 반드시 3단계(사전조사단계 → 임장활동단계 → 사후관리단계)를 차례대로 거쳐야 한다. 앞서 언급했듯이 그의 경우 12년 전 지인으로부터 경기도 수원시 영통구 원천동에 있는 토지 8,264m²(2,500평)를 개별공시지가 수준의 가격인 3.3m²당 150만 원에 매수했다. 당연하겠지만 D씨는 이 토지를 매입하기에 앞서 무려 10여 차례나 현장답사를 실시했다. 토지의 모양, 형세, 도로인접 여부는 물론, 도로나 철도 개설계획, 공공기관 입주계획, 기업체 입주계획 등을 꼼꼼하게 확인해봤다.

D씨는 반복되는 현장답사를 통해 우연찮게 매우 유용한 투자정보를 얻기도 했다. 핵심 내용은 수원시가 삼성전자 주변 원천동 일대 공업지역을 상업 및 업무지역으로, 전·답·잡종지는 주거지로 용도지역 변경을 추진할 것이라는 소문이었다. 결국 D씨는 토지(지목: 전, 답, 잡종지) 8,264m²(2,500평)를 모두 매입하기로 결정했다. 그리고 운 좋게도 이 정보는 훗날 현실로 이루어졌다.

그가 오래전 투자용으로 매입했던 이 토지의 2019년 현재 시세는 3.3m²당 900만 원 이상을 호가하고 있다. 최초 매입가 37억5천만 원(3.3m²당 150만 원)의 6배인 225억 원에 달하는 거대자산으로 불어난 것이다. 말 그대로 초대박을 맞은 D씨였다.

부동산에 투자하기에 앞서 현장답사는 필수다.

'사전조사단계 → 임장활동단계 → 사후관리단계'에 걸쳐

현장답사는 실행되어야 한다.

게으른
부동산 부자는 없다

"부동산에 투자하려는 사람이 갖춰야 할 최고의 덕목은 부지런함입니다. 부동산 투자의 성패가 반복적인 발품 팔이 여부에 달려 있는 바, 평소 부지런한 생활습관에 길들여져 있어야 합니다. 게으른 사람은 결코 부동산 투자로 부자가 될 수 없습니다."

_발품 파는 부동산 투자로 큰돈을 번 L씨(73세)

젊은 시절 L씨의 직업은 요식업자였다. 서울 마포구 공덕시장 인근에서 돼지갈비식당을 운영했던 그였다. 그 당시 L씨의 식당은 항상 손님들로 문전성시를 이루었고, 서울은 물론 지방까지도 소문이 자자할 정도로 유명했다. 평소 부지런하기로는 둘째가라면 서러운 그였지만 장사가 너무 잘 되다 보니 돈을 세는 시간조차 부족할 정도였다. 그의 식당은 요즘 흔히들 말하는 대박집이었다.

L씨는 매우 부지런한 사람이었다. 자신의 식당을 운영하면서 언제나 새벽에 일어나 하루일과를 시작했고, 또 그런 반복적인 일상을 기

꺼이 받아들였던 그였다. 칠순을 훌쩍 넘긴 L씨. 비교적 고령의 나이임에도 그는 아직까지도 부동산 투자에 많은 관심을 가지고 있고, 또 발품 파는 현장답사를 즐기고 있을 만큼 열정도 살아 있다. 결국 그런 부지런한 습관 덕분에 게으른 사람들로서는 상상조차 하지 못할, 남들이 귀찮아하는 현장답사를 반복하고 또 반복하기를 즐겼고, 결국 부동산 투자로 큰돈을 벌수 있었다.

발품 팔이 현장답사가
매번 좋은 결과 가져와

L씨의 발품 파는 습관은 특히 토지 투자에서 빛이 났다. 일례로 지금으로부터 27년 전 어느 날, 그는 평소 알고 지내던 토지 전문 중개업자로부터 상속문제 때문에 급매물로 나온 충남 당진군에 소재한 땅(지목: 대, 전, 임야) 8개 필지, 2만5천m²(약 7,560평)를 총 9,100만 원(3.3m²당 1만2천 원선)에 매입할 것을 권유받았다. 평소 부동산 투자에 관심이 많았던 그였지만, 이 땅에 관한 사전정보가 전혀 없었던 관계로 쉽게 결정할 수 있는 사안은 아니었다. 하지만 그는 중개업자로부터 제안을 받은 지 열흘 만에 매입을 결정했고, 이를 실행에 옮겼다. 상속문제로 나온 급매물의 성격상 검토할 수 있는 시간적 여유가 그다지 많지 않았지만, 평소 몸에 밴 부지런한 습관 덕분에 발품 파는 현장답사를 진행했음은 물론이었다.

사실 L씨는 그 이전에도 발품 팔이 현장답사를 통해 토지의 물리적 특성(모양, 형세, 경사도 등) 및 시세(호가 및 거래시세) 파악은 물론, 도로 및 철도 개설계획, 공장입주계획 등과 같은 해당 지역의 개발정보 등을 얻어왔는데, 발품을 판 만큼 매번 좋은 결과로 이어졌다.

역시나 L씨의 투자결정은 옳았다. 그가 토지를 매입한 지 얼마 되지 않은 1992년 우리나라는 중국과 국교가 수립되면서 본격적으로 '서해안시대'를 선언했다. L씨가 투자한 충남 당진군 일대는 2005년을 전후로 공장 및 물류창고 설립, 아파트 개발붐 등이 크게 일었고, 지금까지도 우리나라 서해안 개발붐의 한 축으로 자리하고 있다. 2019년 현재, 그 땅의 시세는 3.3m²당 100만 원을 호가하고 있다. 토지에 투자한 지 정확히 27년 만에 83배 이상 상승한 것이다. 얼핏 총액으로 계산해보니, 75억6천만 원에 달한다. 부지런함이 초대박을 가져온 셈이다.

게으른 사람은 기획부동산업체가 좋아하는 호갱님일 뿐이다

반면 게으른 사람은 부동산 투자로는 부자 되기가 쉽지 않아 보인다. 부동산 투자는 반드시 발품 팔이 현장답사가 선행되어야 하고, 또 반복적으로 실행되어야 하기 때문이다. 일반적으로 게으른 사람은 부동산 투자에 앞서 반드시 실행되어야 할 현장답사를 소홀히 하거나 외면하기 쉽다.

아파트에 투자하는 경우에도 현장답사가 필요하겠지만, 토지에 투자하는 경우라면 현장답사의 중요성은 비교할 수 없을 만큼 커진다. 하지만 현장답사에는 발품과 많은 시간이 소요된다. 게으른 사람은 현장답사, 즉 땅을 알아보는 과정 그 자체를 귀찮게 여긴다. 이런 사유로 게으른 사람은 기획부동산업체로부터 땅 사기를 당하는 경우가 많다. 기획부동산업체의 입장에서 부지런한 사람은 기피대상이지만, 게으른 사람은 흔히들 말하는 '호갱님'일 뿐이다.

현장답사 없이 토지를 매입했다가 돌이킬 수 없는 대참사를 경험한 내과의사 K씨(66세)가 그랬다. K씨는 11년 전 어느 날 환자와 의사 관계로 알게 된 기획부동산업체 직원에게서 토지개발정보를 듣게 되었다. 기획부동산업체 직원은 그에게 경기도 파주시 출판단지 인근 토지(지목: 임야) 992m²를 3.3m²당 250만 원 수준에서 매입해 두면 향후 5년 안에 3배 이상의 큰 차익을 남길 수 있다는 말과 함께 확정되지도 않은 그럴듯한 개발정보를 흘려주었다.

사실 부동산에는 문외한이었지만, 기획부동산업체 직원의 거듭된 권유로 계산기까지 두드려 본 K씨. 탐욕에 눈이 멀었는지 결국 매입 제안을 받아들이기로 결정했다. K씨는 바쁘고 귀찮다는 이유로 발품 파는 현장답사를 실행하지 않은 채, 계약금 10%와 중도금 없는 잔금 90% 지불조건으로 총 7억5천만 원을 주고서 이 땅을 매입했다. 기획부동산업체 직원이 권유한 토지를 겁도 없이 덜커덕 매입했던 것이다. 게으름으로 현장답사를 전혀 하지 못하다니, 스스로를 호갱님으로 등록한 셈이었다.

나중에 알아보니 K씨가 투자한 토지는 사실상 개발이 어려운 보전관리지역 내 임야로 제법 경사도까지 있었던 매물이었다. 그 당시 적정가격(3.3m²당 30만 원)의 8.3배 이상을 주고 매입했던 것이다. K씨가 매입한 토지는 2019년 현재까지도 3.3m²당 30만 원 수준에서 벗어나지 못하고 있고, 그나마도 선뜻 사겠다고 나서는 사람이 없을 만큼 애물단지로 전락했다. 안타깝지만 K씨의 게으름이 불러온 재앙이었다.

부지런한 생활습관에 기인한 발품 파는 현장답사 없이

부동산에 투자하는 것은 100전 100패!

게으른 사람은 부동산 투자로 부자가 될 수 없다.

부동산 투자에도
부자 아빠 마인드가 필요하다

"부동산에 투자할 때도 부자 아빠 마인드가 필요합니다. 즉 자본가 마인드를 바탕으로 '긍정의 사고'와 '선택의 힘'을 믿고 부동산에 투자한다면 큰돈을 벌 수 있습니다."

_소문난 부동산 알부자 Y씨(56세)

1997년 일본계 미국인 로버트 기요사키가 출간해 전 세계적으로 수천만 부나 팔린 베스트셀러 『부자 아빠, 가난한 아빠』라는 책이 있다. 이 책에는 이른바 '부자들이 들려주는 돈과 투자에 관한 비밀'이 담겨져 있다.

책을 조금 더 구체적으로 살펴보자. 이 책의 주인공은 어린 시절 자신의 친아빠인 가난한 아빠와 친구의 아빠인 부자 아빠 사이에서 성장하게 되었는데, 어느 날 부자가 되고 싶은 간절한 마음에 부자 아빠(친구의 아빠)를 찾아가 부자가 될 수 있는 노하우를 알려달라고 간곡히 부탁한다. 그리고 주인공은 부자 아빠의 입을 통해 돈을 잘 관리하는 방법, 부자들의 사고를 가지는 방법, 부자들의 평소 생활습관 등을 하나하나씩 배우게 된다. 저자는 이 책을 통해 부자 아빠와 가난한 아빠가 각각 부(富)를 어떻게 바라보는지 그 사고의 차이를 확연히 비교해 보여줌으로써, 이른바 '상위 1% 부자'가 되기 위한 사고의 전환을 역설했다.

그렇다면 한국의 부동산 부자들은 부에 대해 어떤 사고를 가지고 있을까? 지난 십여 년간 한국의 수많은 부자들을 대상으로 부동산을 자문하고 상담하며 접촉해보니, 그들로부터 의미 있는 공통점 하나를 발견할 수 있었다. 그것은 다름 아닌 내면 깊은 곳에 숨겨진 부자 아빠 마인드였다. 사례를 통해 구체적으로 살펴보자.

'긍정의 사고'와 '선택의 힘'을 믿고 부동산에 투자해온 부자 아빠 Y씨

앞서 인터뷰한 Y씨 역시 전형적인 부자 아빠의 마인드를 가지고 있었다. 사실 Y씨에게 부동산은 삶의 전부이자 가족 같은 존재, 그 자체였다. 그의 경우 부동산에 투자할 때 항상 '긍정의 사고'와 '선택의 힘'을 믿었다.

부동산에 문외한이었던 그가 본격적으로 부동산 투자에 관심을 갖게 된 시기는 아이러니하게도 IMF 외환위기 때였다. 물론 그 당시는 주거용이든, 상업용이든, 혹은 개발용이든 부동산 유형에 상관없이 가격 하락이 심각했던 시기였다. 당연히 부동산 투자에 선뜻 나서는 사람을 찾아보기가 결코 쉽지 않았던 시절이었다. 하지만 Y씨에게는 로버트 기요사키가 강조한 부자 아빠 마인드(자본가 마인드)가 뼛속 깊이 각인되어 있었고, 특히 '긍정의 사고'와 '선택의 힘'은 부동산 투자에서도 그 진가를 발휘할 수 있었다.

IMF 외환위기가 한창이던 1998년 여름 어느 날, Y씨는 평소 등산 모임의 멤버로서 안면이 있었던 한 건물주로부터 부도위기에 처한 사업장을 살리기 위해 시세보다 저렴한 가격에 내놓은 상가빌딩 한 채를 매입해달라는 부탁을 받았다. 해당 빌딩은 서울 서초구 서초동 우성아파트 앞 사거리 이면에 소재한 3층 규모의 낡고 허름한 근린상가건물이었다. 게다가 IMF 외환위기 여파로 영업매출이 뚝 끊긴 1층 임차인은 수개월째 임대료를 연체하고 있었고, 나머지 2층과 3층 임차인 역시 임대료 인하를 거세게 요구하고 있었다. 이런 까닭에 인근 부동산 중개업소에서도 선뜻 매수자를 찾아내지 못한 상태였다. 당연히 Y씨의 지인들조차 이구동성으로 이 상가빌딩을 매입하지 말 것을 대놓고 이야기했을 정도였다.

하지만 평소 부자 아빠 마인드를 간직하고 있었던 Y씨였기에 소신껏 선택하고 과감하게 투자했다. 1998년 하반기, 그가 매입했던 가격은 시세보다 다소 저렴한 3.3m²당 2천만 원(토지 가격 환산기준)선이었다. 하지만 IMF 외환위기가 끝나고 2005년경 강남역 일대를 대상으로 개발 붐이 일어나자, 강남역에서 불과 도보 7~8분 거리에 소재한 이 상가빌딩의 시세는 무려 2.5배 이상 상승한 평당 5천만 원(토지 가격 환산기준)을 호가하게 되었다.

그 후 다시 2008년 강남역에 삼성타운이 조성되면서 삼성전자 본사 등이 입주를 시작하자 삼성타운 준공에 따른 유동인구 증가 및 상권 확대에 대한 기대감이 커져, Y씨가 사들인 이 상가빌딩은 또다시 2배 이상 상승한 3.3m²당 1억 원(토지 가격 환산기준)을 호가하게 되었다. 2019년 지금은 삼성타운의 안정적 입주에 따른 상권 확대로 토지 가격만 3.3m²당 2억 원을 호가하고 있다. Y씨의 부자 아빠 마인드가 성공적인 부동산 투자의 원동력이 되었던 셈이다.

투자 시 중개인 활용에 능숙한 부자 엄마 C씨

또 다른 사례를 들어보자. 부동산 중개업자들의 입을 통해 인심 좋은 강남아줌마로 불리는 C씨(61세). 그녀는 부자 아빠 마인드 중 하나인 이른바 '중개인 활용하기'에 능했다. 특히 그녀는 부동산 중개업자를 활용할 때 중개업자를 각자의 전문 분야를 중요하게 생각했다. 즉 상가 투자를 할 때는 상가만을 전문으로 취급하는 중개업자를 만났으며, 재건축 및 재개발은 현장 인근에서 오랫동안 중개소를 운영 중인 중개업자에게 자문을 구했고, 건물을 매입할 때는 강남에서 빌딩중개 잘하기로 입소문난 전문 중개업소를 찾아다녔다. 사실 부동산에 관한 정보분석은커녕 법률 및 세무 지식 등에도 무지했던 그녀가 부동산 투자로 큰돈을 벌 수 있었던 것은 유능한 중개업자를 자기편으로 끌어들여 적절히 활용했기에 가능한 일이었다.

로버트 기요사키는 『부자 아빠, 가난한 아빠』에서 부자가 되는 10단계를 제시했는데, 그 중 하나로 '좋은 조언'의 힘을 언급하면서 중개인(자문가 및 전문가 포함)에게 적정한 수임료를 지불하는 것을 결코 아까워하면 안 된다고 충고했다. 또한 이를 위해 먼저 투자자 자신의 이익을 최우선적으로 생각해주는 중개인을 찾을 것과 만일 이런 중개인을 찾았다면 넉넉한 수임료를 지불함으로써 그들을 통해 전문적 지식을 전수받아야 좋은 자산을 형성할 수 있음을 강조했다.

부동산에 투자할 때도 부자 아빠 마인드가 필요하다.

생각이 말이 되고, 말이 행동이 되며,

행동이 습관이 되고, 결국 이 습관이

운명(성공과 실패)을 좌우한다는 사실을 기억하라.

부동산으로 돈을 벌고 싶다면
부동산을 공부하라

"당신이 부동산으로 부자가 되고 싶다면 부동산을 공부해야 합니다. 부동산을 잘 알아야 부동산 투자로 돈을 벌 수 있고, 부동산을 잘 알아야 자신의 부동산을 온전하게 지킬 수 있습니다."

_자타가 인정하는 부동산 갑부 P씨(61세)

선진국의 분류기준으로 통하는 OECD(경제협력개발기구) 회원국 중 대한민국은 유달리 부자들이 부동산에 애착이 많고, 또 실제로 많은 부동산을 보유하고 있는 것으로 알려져 있다. 상당수 부자들이 부동산 투자를 통해 그들의 자산을 불려왔기 때문에 부동산에 대한 애착이 남다르게 강할 수밖에 없는 것이다. 현실적으로 볼 때, 한국의 부자는 부동산 부자라는 말과 동일시되는 경향이 있다. 다만 상당수 한국의 부자들이 부동산 투자로 많은 돈을 벌어왔고, 또 수많은 부동산을 보유하고 있는 게 사실일지라도 사람들은 이들 부자들이 부동산에 투자하기 앞서 평소 부동산을 연구하고 고민하며 공부하려는 자세를 가지고 있다는 점은 쉽게 간과하고 있는 듯하다.

평소 부동산 공부에 남다른 열의로 뛰어난 매물 분석력 갖춘 P씨

P씨는 지인들 사이에서 부동산 고수로 통한다. 평소 부동산 서적과 경제신문을 옆에 끼고 살면서 부동산 지식 습득에 남다른 열의를 보여온 그였기에 부동산 투자 및 관리에 대한 지식 수준이 전문가 수준에 도달한 것은 당연한 일이다. 전문가급 부동산 지식을 보유한 덕분인지 지난 20여 년간에 걸친 그의 부동산 투자는 승승장구 그 자체였다.

1999년 늦가을, P씨는 평소 알고 지내던 부동산 중개업자의 추천으로 서울 강남구 역삼동 구역삼세무서 사거리 이면에 소재한 4층 규모의 근린상가빌딩(대지 522m²_158평, 준공된 지 만 10년 된 건물)을 매입했다. 당시 이 상가빌딩은 건물주가 부동산 중개업자에게 급매 수준인 11억 원에 내놓은 상태였다. 건물주가 이 상가빌딩을 서둘러 내놓은 속사정을 알아보니, 상가빌딩에 입주해왔던 기존 임차인들이 경기불황에 따른 자금악화 등을 이유로 임대료를 고의로 연체시키거나 임대료가 훨씬 저렴한 외곽지역으로 하나둘씩 빠져나가면서 임대수입이 큰 폭으로 감소했던 까닭에 매물로 나온 것이었다.

당연히 이러한 이유로 가족 및 지인들은 빌딩 매입을 만류했지만, 전문가에 준하는 부동산 지식(물건 및 상권분석)을 근거로 투자에 확신을 가지고 있었던 P씨로서는 전혀 주저할 이유가 없었다. 임대에 관한 불안요인들은 오히려 가격협상에 활용할 카드로 여겨질 뿐이었다. 실제로 P씨가 매입한 지 얼마 지나지 않아 국내 경기는 빠르게 회복되었다. 또한 공실이 사라지고 임대료가 오르기 시작하자 상가빌딩의 가격도 큰 폭으로 상승했음은 물론이었다. 2019년 현재, 이 상가빌딩의 시세는 100억 원을 호가하고 있다. 평소 틈틈이 부동산을 공부해왔던 P씨였기에 부동산에 대한 분석력을 바탕으로 투자에 확신을 가질 수 있었던 것이다.

부동산을 끊임없이 공부하고 실전투자해 큰 성과를 거둔 J씨

전업주부 J씨(63세)는 지인들 사이에서 부동산 교수로 통한다. 그녀가 주변 사람들로부터 부동산 교수로 불리는 이유는 간단하다. 평소 부동산에 대해 끊임없이 공부하고 이를 실전투자에 적용시켜 놀라운 성과를 거두고 있었기 때문이다. 일례로 J씨는 2004년 상반기 우연히 알게 된 공인중개사의 추천으로 서울 서초구 반포동 주공3단지 재건축 아파트 52m²를 시세보다 다소 저렴한 4억5천만 원에 매입해 전용 59m² 아파트(반포자이)를 분양받았고, 이를 준공(2008년 12월) 직후인 2009년 상반기에 11억5천만 원에 매각했다.

사실 그녀가 반포동 주공3단지 재건축 아파트에 투자했던 시점은 여러모로 투자에 호의적이지 않았다. 당시 정부는 '9·5안정대책'과

'10·29 종합대책' 등을 통해 각종 재건축 규제정책들을 잇따라 내놓 았는데, 엎친 데 덮친 격으로 사업시행인가를 앞두고 조합원과 조합 원 간, 조합과 시공사 간, 조합과 관할 행정기관인 서초구청 간에 의 견차이가 불거지면서 여러 건의 소송이 제기되었거나 진행될 예정에 있는 등 재건축사업진행이 크게 삐걱대던 중이었다. 이러한 이유로 조합원이었던 매도자 역시 재건축사업진행에 커다란 회의감을 느끼 게 되었고, 결국은 서둘러 매물로 내놓은 상태였다.

만일 재건축 성공에 대한 확신이 없었다면 J씨로서도 결코 투자하 기 쉽지 않았던 시기였다. 하지만 그녀는 재건축 시장동향, 인허가 절 차, 적정투자시기, 정부정책 등 재건축 전반에 걸친 깊이 있는 공부를 통해 매입을 결정할 수 있었다. 그 후로도 J씨는 상가 투자를 결정하 기에 앞서 상권분석을 심도 있게 공부했으며, 법원경매로 토지를 값 싸게 매입하기 위해 권리분석을 공부하기도 했다. 늘 부동산에 대해 공부하는 자세를 잃지 않았던 J씨였기에 별다른 과오 없이 부동산 투 자로 커다란 수익을 남길 수 있었다.

우리가 익히 잘 알고 있는 고대 중국의 병법서 『손자병법』의 모공 편에 "지피지기 백전불태(知彼知己 百戰不殆)"라는 말이 나온다. "적을 알 고 나를 알면 백번 싸워도 위태로울 것이 없다"라는 뜻인데, 이를 부 동산 재테크에 적용해보면 "부동산과 부동산시장을 알고, 나의 자금 력을 알면 백번 투자해도 실패할 것이 없다"라는 말과 일맥상통한다.

현명한 투자자라면 목적 부동산에 투자하기에 앞서 반드시 개별 부 동산에 대한 물건분석은 물론, 부동산시장 전반에 걸쳐 공부하려는 자세를 잃지 않아야 할 것이다.

아는 것이 힘이다!
부동산 투자에 성공하고 싶다면
평소 끊임없이 공부하라.

맹목적 낙관론자가 아닌
경험적 낙관론자가 되라

"부동산으로 돈을 벌어본 부자들은 투자성향에서만큼은 경험
적 낙관론자들이 많습니다. 침체된 부동산시장 속에서도 투자
에 겁을 먹거나 투자를 회피하기보다는 경험적 낙관론에 근거
해 오히려 좋은 매물을 저렴하게 구입하려고 애씁니다."

_전직 대학교수 출신 빌딩부자 L씨(71세)

보는 관점에 따라 다를 수 있겠지만, 낙관론자는 크게 두 부류로
나눌 수 있다. 하나는 맹목적 낙관론자이고, 다른 하나는 경험적 낙관
론자다. 먼저 맹목적 낙관론자는 논리적 합리성이나 객관적 근거 없
이 덮어놓고 행동하려는 성향을 보인다. 따라서 그들은 부동산에 투
자할 때도 소신과 원칙에 근거하기보다는 분위기에 휩쓸리기 일쑤다.
백전백패는 따놓은 당상이다.

반면 경험적 낙관론자는 자신이 실제로 겪어봤거나 검증된 지식이
나 기능을 믿고 행동한다. 그들은 경험을 중요시하기에 실패를 두려

려워하기보다는 실패마저 소중한 경험이자 또 다른 자산으로 여긴다. 그들은 경험을 통해 얻은 살아 있는 투자지식을 신봉하며, 또 경험에 근거한 낙관적 시각을 가지고 부동산 투자에 임하려는 성향을 가지고 있다. 실제로 부동산 자문 상담을 하기 위해 만난 수많은 부동산 부자들 역시 앞서 L씨가 말했던 것처럼 대개 경험적 낙관론자들이었다.

강남개발의 성공적 정착을 확신하고
25년 전, 역삼동 나대지에 투자하다

지금은 은퇴했지만 한때는 수도권 모 대학에서 경제학을 강의했던 대학교수 출신 L씨의 첫 번째 투자대상은 서울 강남구 역삼동에 소재한 나대지였다. L씨가 부동산 투자에 본격적으로 관심을 가지게 된 시점은 1994년 초가을 무렵이었다. 당시 그의 나이는 46세였는데, 그때만 해도 재테크에 무관심한 채 오로지 강의와 연구에만 충실해왔던 탓에 일가족이 거주하는 서울 성동구 금호동에 위치한 단독주택 외에는 조그마한 상가 한 채도 없었다.

그러던 어느 날, 우연히 참석하게 된 한 모임에서 지인의 소개로 부동산 중개업자를 소개받았다. 그로부터 얼마 후 중개업자로부터 만나자는 연락과 함께 뜻밖의 제안을 하나 받게 된다. 서울 강남구 역삼동 테헤란로 이면에 나대지(297m²_90평) 1필지가 시세보다 저렴하게 나왔으니 매입해보는 게 어떠냐는 것이었다. 하지만 L씨가 부동산 중개업자로부터 나대지 매입을 권유받았던 당시는 이미 정부 주도하의 강남개발이 상당 부분 진척된 상황이었기에 적어도 국지적으로는 이전 시기 대비 토지 가격이 큰 폭으로 오른 상태였다. 또한 이를 반영하듯 미완성품인 개발용 부동산(토지)을 섣불리 매입했다가는 쪽박 차기 일쑤라는 말이 투자자들 사이에서 공공연히 회자되고 있었던 시절이었다.

하지만 L씨의 생각은 달랐다. L씨는 경제학과 교수로서의 거시경제에 대한 전문적 시각 외에 평소 부동산 정책 및 도시계획에도 관심이 많았다. 평소 그가 일본, 홍콩, 대만, 싱가포르 등의 사례를 토대로 분석한 바에 따르면, 강남개발은 정부의 강력한 의지에서 출발한 국책사업이자 도시계획사업인 만큼 계획도시로서의 기능성이 담보되어 있고, 또 도심 확장성에 따른 개발효과가 상당히 클 것으로 기대되는 거대 프로젝트였다. 그런 면에서 볼 때 역삼동 나대지 매입 건은 제법 매력적인 투자안이었다. 경험적 낙관론자였던 L씨가 부동산 중개업자를 통해 소개받은 역삼동 나대지는 비록 이면에 위치했지만 건물을 지을 만한 매력적인 땅이었고, 투자가치가 충분한 부동산이었다. 결국 그는 이 나대지를 매입했고, 대출을 활용해 이듬해 5층 규모의 상가빌딩까지 올렸다.

결과적으로 L씨의 판단은 옳았다. 그의 예측대로 훗날 역삼동 테헤란로 일대는 우리나라 최고의 업무중심지역(오피스타운)으로 자리했으며, 가장 땅값이 비싼 지역 중 하나로 성장했다. 이를 입증하듯 그가 매입했던 부동산은 24년 전의 가격(3.3m²당 1천만 원선)보다 무려 13배(토지 가격 환산기준 3.3m²당 1억3천만 원선 이상 호가)를 넘어설 만큼 값이 크게 뛰었다. 물론 건물가격이 반영되었다지만, 당시 8억 원대 부동산은 25년이 흐른 2019년 현재, 무려 117억 원을 호가하는 복덩이로 탈바꿈해 있다.

2013년, 대한민국 행정수도 세종시의 성공적 정착을 확신하고 투자하다

L씨의 두 번째 투자대상은 2013년 매입한 세종시(세종특별자치시) 내 근린생활시설용지(토지면적 463m²_140평)였다. 2012년 하반기에 LH(한국토지주택공사)가 원주민을 대상으로 제한적 경쟁입찰을 통해 5억6천만 원(3.3m²당 400만 원선)에 매각한 근린생활시설용지였는데, 2013년 상반기에 약간의 프리미엄을 얹어주고 매입한 것이었다. 매입한 지 2년이 지난 2015년경 이 토지 위에 총 6억 원의 비용을 들여 4층 규모의 상가빌딩을 신축했고, 임대까지 무사히 마쳤다. 2019년 현재, 이 상가빌딩은 입지가 좋아서인지 공실 없이 잘 돌아가고 있다. 최근까지도 좋은 가격에 팔아주겠다는 부동산 중개업자들의 제안이 끊이지 않고 있을 정도로 인기다.

L씨와의 자문 상담에서 확인한 바에 따르면, 행정수도 세종시의 향후 성장 가능성은 무궁무진했다. 경험적 낙관론자였던 그는 세종시가 여러 복합적인 이유로 아직까지는 우리나라 행정수도로서의 본연의 역할과 기능을 완벽하게 수행하지 못하고 있지만, 단기적으로는 5~10년, 장기적으로는 10~20년이 지나면 완전히 달라져 있을 거

라 예측했다. 즉 1980년대 계획도시인 서울 강남이 그랬듯이 내면적으로 도시기능이 크게 확대됨은 물론, 외형적으로도 도시영역이 크게 확장될 것으로 판단한 것이었다. 사실 2013년 이 땅을 매입할 당시만 해도 우리나라의 그 어느 전문가도 세종시의 미래전망에 대해 단정적인 대답을 할 수 없었지만, 경험적 낙관론자였던 L씨의 생각은 확고했다.

목적하는 부동산에 투자하기에 앞서 지나친 비관론 혹은 맹목적 낙관론에 빠지기보다는 경험적 낙관론에 근거해 시장을 내다볼 수 있는 안목을 가져야 한다. 경험적 낙관론자인 L씨처럼 투자해야 성공할 수 있다.

부동산 투자에 성공하고 싶다면,

경험적 낙관론자가 되라.

그들은 검증된 지식과 경험을 통해 얻은

살아 있는 정보에 근거해 투자한다.

디테일에 강하면
실전에도 강하다

"디테일에 강해야 실전에도 강합니다. 디테일에 약한 부동산 투자자는 타인의 감언이설이나 부동산의 겉모습에 현혹되기 쉬워 투자실패로 이어질 가능성이 큽니다. 투자가치가 큰 부동산을 찾아내고 선택할 수 있는 안목은 디테일에서 시작되고 디테일에서 끝나기 때문입니다."

_디테일한 부동산 투자로 유명한 용인 땅부자 S씨(68세)

사전적 의미로 디테일이란 '어떤 전체적인 것의 세부적인 부분'을 일컫는다. 즉 디테일은 전체에 대해 세부적인 부분을 이르는 말 또는 세부적인 묘사를 뜻하는데, 자세하고 빈틈없이 꼼꼼하다는 의미를 담고 있다. 실제로 부동산 투자로 과거에 큰돈을 벌었거나 현재 벌고 있는 부자들 중 상당수가 관심 부동산을 관찰하거나 답사할 때 일반인들보다 디테일에서 훨씬 강한 것으로 알려져 있다.

야신 감독의 디테일한 훈련방식이
약체 팀을 리그 최강팀으로 바꿔

2007년부터 2010년까지 4년간 당시로서는 프로야구 약팀이었던 'SK 와이번스'의 감독을 맡아 한국시리즈 3회 우승, 1회 준우승을 이끌었던 일명 '야신(야구의 신)' 김성근 감독. 당시 그가 쌓아올린 업적은 스타플레이어가 아닌 평범한 선수들을 데리고 일궈낸 것이었기에 더욱 빛났다. 그런데 한 가지 재밌는 사실은 그의 독특한 이력과 강력한 리더십이 선수들보다는 오히려 기업체 CEO들에게 큰 인기였다는 점이다.

사실 김성근 감독은 자신이 거느리고 있는 평범한 선수들을 이른바 '지옥훈련'을 통해 완벽하게 조련시키는 것으로 유명하다. 특히 한 시즌을 준비하는 마무리 스프링캠프에서는 훈련에 참여하는 선수들이 밥 먹을 시간조차 없을 만큼 매우 빡빡한 훈련 프로그램을 운영했다고 알려져 있다. 하지만 우리가 반드시 알아두어야 할 것은 김성근 감독은 맹목적인 지옥훈련(단순히 훈련의 양과 강도를 높여 선수들을 조련하는 것)이 아닌, 디테일이 반영된 훈련, 즉 선수들 개개인의 특성과 장단점을 반영한 맞춤형 훈련을 통해 선수들을 꼼꼼하고 치밀하게 조련했다는 사실이다.

결국 디테일한 훈련은 실전에서도 그대로 반영되었고, 약체였던 팀을 리그 최강팀으로 탈바꿈시켰음은 물론이었다. 디테일이 김성근 감독과 구단에게 우승 트로피를 안겨준 셈이었다.

4단계에 이르는 디테일한
현장답사로 리스크를 예방하라

경기도 용인지역에서 땅부자로 소문난 S씨 역시 지난 20~30년 간 디테일한 부동산 투자방식으로 큰돈을 모을 수 있었다. 사실 S씨 가 투자대상으로 선호하는 부동산 유형은 남들과 많이 달랐는데, 즉 시 개발 가능한 토지(나대지)를 원했다. 따라서 대부분의 경우 임차인 은 물론, 건축물조차 없는 경우가 많았다. 일반적으로 투자자의 입장 에서 그런 토지를 매입할 때는 가벼운 현장방문 외 별다른 검증작업 없이 매매계약을 체결하는 경우가 다반사다. 물론 매매계약 체결 이 후 별다른 문제가 발생하지 않는다면 다행이지만, 간혹 예상치 못한 돌발문제(땅속 폐기물 발견, 소유권 분쟁 등) 출현으로 소송에 휘말리거나 투 자에 실패하는 경우도 적지 않은 게 사실이다.

하지만 디테일에 강했던 S씨는 달랐다. 그는 부동산에 투자할 때 항상 지나치리만큼 세세한 부분까지도 확인하고 검증하는 과정을 통 해 투자리스크를 사전에 예방할 수 있었다. S씨의 부동산 투자행태를 살펴보니, 매물 확보작업에서부터 매매계약 체결 및 소유권 등기이전 까지 체계적이고 디테일한 절차를 밟고 있음을 확인할 수 있었다. 특 히 현장답사과정은 매우 디테일하게 세분화되어 진행되었다. 조금 더 구체적으로 살펴보자.

S씨는 현장답사과정을 총 4단계로 세분화했다. 먼저 현장답사과 정 1단계로 '사전조사단계'가 있다. 사전조사단계는 현장답사를 실행 하기에 앞서 부동산에 대해 사전에 정보를 습득하는 단계다. 즉 투자

대상지역에 관한 개발정보, 부동산 현황 및 이용에 관한 정보, 부동산 가격에 관한 정보, 법적권리관계에 관한 정보 등을 현장답사 실행 이전에 입수하는 단계로 볼 수 있다. 투자대상지역에 관한 개발정보는 각종 신문기사나 풍문(소문) 등을 취합해 얻을 수 있고, 부동산 현황 및 이용에 관한 정보는 토지이용계획서, 건축물관리대장, 토지대장, 임야대장, 지적도, 임야도 등을 열람하면 얻을 수 있다.

부동산 가격에 관한 정보는 개별공시지가확인서, 국토교통부 제공 실거래가격, 등기사항전부증명서(구 부동산등기부등본) 등을 열람하면 확인 가능하고, 대법원경매 홈페이지(무료) 또는 경매정보업체 홈페이지(유료) 등을 이용하면 유사매물에 관한 경매 낙찰가격 및 최초 감정평가가격을 얻을 수 있다. 최근에는 스마트폰 애플리케이션을 통해 상가, 빌딩, 아파트, 토지 등 각종 부동산 실거래가 정보도 얻을 수 있다. 끝으로 법적권리관계에 관한 정보는 등기사항전부증명서를 열람하면 해결된다.

현장답사과정 2단계로는 '임장활동단계'가 있다. 여기서 임장활동이란 발품 팔아 부동산 현장에 직접 가서 눈으로 보고 확인하는 일체의 활동을 말한다. 따라서 임장활동단계는 부동산의 위치 및 형상, 맹지 여부, 건물의 노후화 및 하자 여부 등과 같은 부동산 자체의 자연적·물리적 특성은 물론, 지역분석, 입지분석, 상권분석 등과 같은 부동산 외부의 환경적 특성까지 확인하는 과정으로 볼 수 있다.

현장답사과정 3단계로는 '관공서 및 중개업소 방문단계'가 있다. 도로 및 철도 개설계획, 용적률·건폐율 상향계획, 공공기관 이전계획, 대단지 아파트 입주계획, 공장 및 기업체 유치계획, 창고 및 물류시설

입주계획, 매물의 적정가격 여부 등을 해당 지방자치단체 및 현지 중개업소 방문 등을 통해 확인하는 일련의 과정이다.

현장답사과정 4단계로 '사후관리단계'가 있다. 임장활동을 통해 얻은 각종 정보들은 반드시 정리되고 관리되어야 한다. 사후관리단계가 부동산 투자자에게 중요한 이유는 임장활동 등을 통해 얻어진 각종 정보들이 실제 부동산 투자로 이어져 사실상 투자 촉매제 역할을 하는 경우가 적지 않기 때문이다. 또한 사후관리가 잘 되어 있는 경우 추후 2차, 3차로 이어지는 현장답사 시 매우 중요한 기초자료로 활용될 수 있다.

모든 부동산 투자는
디테일에서 시작되어 디테일에서 끝난다.
기억하라! 디테일에 강한 자가
실전에서도 강하다는 사실을.

부동산 재테크의 기본은
부창부수

> "부동산 재테크, 부창부수해야 합니다. 특히 부동산시장 침체기에는 부동산 투자에 지레 겁먹고 투자행위 자체를 기피하기 마련인데, 부부 사이에 이견이 생긴다면 설령 숨어 있는 유망매물을 찾았더라도 과감한 투자로 이어지기 어렵습니다. 이럴 때일수록 부부 사이의 팀워크, 즉 부창부수가 요구됩니다."
>
> _전직 기자 출신 빌딩부자 N씨(57세)

국어사전을 찾아보면 부창부수(夫唱婦隨)란 '남편이 주장하고 아내가 이에 잘 따름. 또는 부부 사이의 그런 도리'를 말한다. 속된 말로 '죽이 잘 맞는 부부 사이'를 일컫는 말이다. 실제로 지난 십여 년간 시중은행의 부동산 전문가로 일하면서 내로라하는 부자들을 수없이 만나고 상담해보니, 부창부수한 경우가 많았다.

앞서 인터뷰한 N씨의 경우도 그랬다. 지금은 본인명의의 지하철 9호선 신논현역(서울 서초구 반포동) 인근 6층 규모의 오피스빌딩과 아내 명의로 된 지하철 7호선·분당선 강남구청역(서울 강남구 논현동) 인근 5층 규모의 상가빌딩을 관리하기 위해 은퇴했지만, 몇 해 전까지만 해도 그의 직업은 경제신문사 부동산부 기자였다. 물론 N씨의 경우 직업의 특성상 일반인들보다는 훨씬 더 많은 부동산 정보를 접할 수 있었던 게 사실이지만, 부동산 재테크로 큰돈을 벌 수 있었던 것은 무엇보다 N씨 부부가 부창부수한 덕분이었다.

돌이켜보건대 N씨 부부의 부창부수는 부동산시장 불황기에 더욱 빛을 발했다. 현재 N씨 명의로 된 신논현역 인근 빌딩과 아내 명의로 된 강남구청역 인근 빌딩 모두 부동산시장 불황기에 부창부수한 덕분에 N씨 부부의 재산목록 1호, 2호가 될 수 있었다.

부창부수한 덕분에
빌딩부자로 거듭난 N씨 부부

먼저 N씨 부부의 재산목록 1호가 된 지하철 9호선 신논현역 인근 오피스빌딩의 경우 IMF 외환위기가 끝나갈 무렵인 2000년 하반기, 평소 N씨의 취재원으로 알고 지내던 부동산 경매 전문가의 도움을 받아 지상 6층 규모의 오피스빌딩(대지 522m²_158평)에 입찰해 최초 감정가격의 62% 수준인 31억 원에 저가 낙찰받았던 매물이었다. 물론 부족한 자금은 경락잔금대출을 적극 활용했다. 그 후 이 오피스빌딩은 2차례의 내·외장 리모델링공사를 거치면서 지금의 현대식 오피스빌딩으로 거듭났다. 2019년 현재, 이 오피스빌딩은 지하철 9호선 신논현역이 개통된 이후 꾸준한 가격 상승에 힘입어 250억 원을 호가하고 있다.

물론 N씨는 기자라는 직업의 특성을 살려 철저한 현장조사와 꼼꼼한 탐문조사를 실행했고, 이를 통해 일반인들은 알아내기 어려운 핵심정보(선순위 임차인 정보, 유치권의 진성 여부 정보 등)를 덤으로 얻을 수 있었다. 하지만 이 오피스빌딩을 최초 감정가격의 62% 수준에서 저가로 낙찰받을 수 있었던 데는 언제나 아내가 그를 믿고 따라줬던 게 가장 큰 힘이 되었다. 말 그대로 부창부수한 N씨 부부였다.

2000년 하반기 우리나라는 IMF 외환위기를 무난히 극복하고 있던 중이었지만, 고금리 기조로 금융권의 정기예금 금리가 연 8~9%대의 높은 수준을 보이고 있었던 까닭에 부동산에 투자하기보다는 정기예금과 같은 금융상품에 투자하는 것이 유리하다고 보는 시각이 팽배했다. 하지만 부창부수 N씨 부부의 생각은 달랐다. 비록 경기불황 및 부동산시장 침체가 이어지고 있더라도 빠른 시일 내 회복될 것이며, 시간이 갈수록 고금리 기조가 하향 안정화되면서 주거용 부동산보다는 임대수익을 창출할 수 있는 수익형부동산이 각광받을 것으로 내다봤다. 결과론적이지만 선견지명이 아닐 수 없었다.

글로벌 위기 속
부창부수 부부의 저력

다음으로 N씨 부부의 재산목록 2호가 된 강남구청역 인근 상가빌딩을 이야기해보겠다. 글로벌 금융위기가 터진 다음 해인 2009년 초여름, 주변 시세보다 다소 낮은 가격인 22억 원에 허름한 2층짜리 단독주택을 매입한 뒤 철거 과정을 거친 후, 그 위에 지상 5층 규모의 근린상가빌딩(대지 214m²_65평, 총면적 826m²_250평)을 세운 것이었다.

신축한 이후 해당 상가빌딩은 1층의 경우 우량임차인(유명 커피매장)을 5년 장기 임대조건으로 확보했고, 나머지 층 역시 스튜디오 작업실, 여행업체 사무실, 인터넷업체 사무실 등으로 임대했다. 주변 건물 대비 10% 이상 비싼 가격에 2년 사용조건으로 임대차계약까지 마쳤다. 아울러 인근 부동산 중개업소를 통해 기존의 지하철 7호선 강남구청역 외 분당선이 새로이 가세해 복선화됨으로써 빌딩의 가치가 크게 상승했음도 확인할 수 있었다.

2019년 현재, 해당 빌딩은 65억 원에 호가되고 있다. 만일 지금 이 가격대에 매각하게 된다면 신축공사비 9억 원과 양도세를 감안하더라도 최소 20억 원 이상 남는 장사를 한 셈이다.

한 가지 기억할 것은 2008년 하반기 전 세계적으로 글로벌 금융위기가 닥치면서 국내도 예외 없이 큰 폭의 자산가치 하락을 맞이할 것이라는 우려 섞인 시각이 팽배했음에도, 앞서 신논현역 오피스빌딩 매입사례와 마찬가지로 이번에도 N씨 부부는 부창부수를 통해 이를 극복했다는 사실이다.

부창부수의 힘은

부동산시장 침체기 때

더욱 빛을 발할 것이다.

부동산으로 부자 되고 싶다면
은행과 친해져라

"흔히들 은행 하면 돈이 많은 사람들이 여윳돈을 맡기러 가는 곳, 또는 사업하는 사람들이 필요에 따라 부족한 자금을 빌리러 가는 곳 정도로만 생각하는 경향이 있습니다. 하지만 부동산으로 부자가 되고 싶다면 반드시 은행과 친해져야 합니다. 은행은 당신에게 부동산과 관련한 모든 것을 제공해줄 수 있기 때문입니다."

_은행을 활용한 부동산 투자로 알부자로 거듭난 K씨(52세)

은행은 우리가 익히 알고 있는 여신업무(돈을 빌려주는 업무, 즉 대출)와 수신업무(돈을 맡아주는 업무, 즉 예금)는 물론이고, 자산관리, 어음할인, 신탁, 외환, 펀드, 방카슈랑스, 신용카드, 개인연금, 주택연금 등 돈과 관련한 다양한 업무를 수행하면서 이를 고객들에게 판매하거나 제공한다. 돈이 많은 사람들이 은행을 즐겨 찾는 이유가 바로 여기에 있다.

그런데 사실 은행은 부동산과 매우 밀접한 관계에 있다. 사람들은 대출을 통해 부동산을 매입할 수가 있고, 투자자문을 받아 상가(상가빌딩)를 사고팔거나 청약통장을 통해 아파트를 분양받을 수 있다. 또한 은행을 통해 리츠나 부동산펀드와 같은 간접투자상품에 투자할 수 있으며, 신탁방식으로 부동산을 관리하거나 처분할 수도 있고, 심지어는 거주하고 있는 집을 담보로 주택연금을 제공받을 수도 있다.

은행이 이처럼 부동산과 관련한 다양한 서비스를 제공하고 있음을 감안하면 부동산을 많이 보유하고 있는 사람은 물론, 부동산 투자에 관심 많은 사람, 부동산 투자로 돈을 벌고 싶은 사람은 은행과 친해져서 나쁠 이유가 전혀 없다. 오히려 은행은 자산관리 도우미가 되어줄 것이다. 한때는 평범한 직장인이었지만, 은행을 활용한 부동산 투자로 알부자로 거듭난 K씨의 사례를 통해 좀 더 살펴보자.

15년 전 은행 대출 끼고 매입한 꼬마빌딩 덕분에 알부자로 거듭나다

K씨가 알부자로 거듭날 수 있었던 것은 15년 전 은행 대출을 끼고 매입한 알짜배기 꼬마빌딩에서 덕분이었다. 2004년 초여름 어느 날, K씨는 한 지인의 권유로 참여하게 된 지역봉사모임에서 홍대상권에서 음식점을 경영한다는 Y씨를 소개받게 되었다. 그런데 K씨는 Y씨와의 짧은 대화 속에서 뜻밖에도 매우 솔깃한 정보를 하나 얻게 된다. 지하철 2호선 홍대입구역과 근접한 곳에 위치한 4층짜리 상가건물을 소유자의 갑작스런 사망으로 상속받게 된 자녀들이 서둘러 매물로 내놓을 준비를 하고 있다는 정보였다.

실제로 예기치 못한 부모의 사망 등을 원인으로 복수의 자녀들이 부동산을 상속받게 될 경우, 자녀들은 부동산을 계속해서 보유하기보다는 서둘러 매각해 즉시 현금화시키려는 게 일반적이다. 특히 상속인이 많아 급매물로 나온 부동산은 대개 적정시세 대비 10~20%가량 값싸게 나오는 경우가 많아 부동산 중개시장에서 큰 인기를 모으고 있다. 파는 사람(상속인)은 빨리 현금화시킬 수 있어서 좋고, 사는 사람(투자자)은 시세보다 훨씬 싼값에 매입할 수 있으니 서로 이해관계가 맞아떨어진다고 볼 수 있다.

Y씨가 이야기한 매물은 서울 마포구 동교동에 소재한 대지면적 175m²(53평), 건물 총면적 512m²(155평) 규모의 지하 1층~지상 4층짜리 제2종일반주거지역 내 근린상가빌딩이었다. 준공된 지 10년이 채 안 된 건물이면서 지하철 2호선 홍대입구역까지 도보 5분 거리 내 위치한 초역세권 부동산이었다. 개별공시지가를 살펴보니 3.3m²당 930만 원이었으며, 시세는 10억~11억 원(토지 가격 환산기준 3.3m²당 2천만 원선) 수준이었다. 시세(토지 가격 환산기준)가 개별공시지가 수준의 2배를 상회한 것은 홍대입구상권의 확장 징후가 서서히 나타나고 있었기 때문이다.

K씨 역시 서교동 중심의 홍대상권이 인근 동교동으로 확장될 가능성에 큰 기대감을 가지고 있던 중 소문의 진원지였던 Y씨의 주선으로 해당 매물의 상속인들과 접촉할 수 있는 기회를 얻었다. 또한 그들 상속인들과의 대화를 통해 8억7천만 원에 매각이 가능하다는 의사를 확인할 수 있었다.

문제는 턱없이 부족한 자금이었다. 당시 K씨가 가지고 있던 유동자금(현금, 예금, 적금, 주식 등 현금성 가용자금)은 모두 합쳐도 2억 원이 채 안

되었고, 빌딩의 임차인 보증금 2억 원을 그대로 인수하더라도 총 4억 원밖에 되지 않아 만일 취득세까지 감안한다면 절반이 넘는 5억 원 이상의 자금이 필요했다. 결코 만만치 않은 투자안이었다.

하지만 K씨는 건물주가 되겠다는 자신의 로망을 포기할 수 없었다. 차라리 부족한 자금은 시중은행을 통해 빌려보기로 했다. 우선 집 가까이에 위치한 시중은행 몇 군데를 차례대로 방문해 대출담당자와 상의해보기로 했다. 하지만 막상 은행의 대출담당자들과 상담을 진행해보니 대출가능금액이 필요자금 5억 원의 절반에도 미치지 못함을 확인했을 뿐이었다. 당연히 힘이 쭉 빠질 수밖에 없었다.

"뜻이 있는 곳에 길이 있다"고 그랬던가. 절망감에 빠져 있던 K씨에게 문득 떠오르는 곳이 하나 있었다. K씨의 급여통장을 관리하고 있던 모 은행지점으로 직장 건물 내 입점해 있어 평소에도 출입이 잦았던 곳이었다. 마지막이라는 절실한 마음으로 그곳 대출담당자를 찾아갔다. 다행히도 그와의 대화를 통해 해법을 찾을 수가 있었다. 거주하고 있던 서울 서초구 잠원동 아파트와 매입하게 될 꼬마빌딩을 공동담보로 묶어 부족한 자금 5억 원을 대출받기로 한 것이었다. 결국 K씨는 이 꼬마빌딩을 무사히 매입할 수 있었다.

2019년 현재, 이 빌딩의 시세는 80억 원 이상을 호가하고 있다. K씨가 빌딩을 매입한 이후로 내·외국인 관광객이 폭발적으로 늘어나더니 급기야 상권이 크게 확장되어(기존의 서교동에서 동교동, 합정동, 연남동, 상수동, 망원동 등으로 확장을 거듭함) 이제는 명실상부한 우리나라 최고의 상권으로 거듭났기 때문이다.

부동산으로 부자 되고 싶다면
은행을 멀리하기보다는 평소 은행과 친해지고,
은행을 이용할 줄 알아야 한다는 것을 기억하라.
은행은 부동산 투자 시 필요한 자금을
언제든 융통해줄 준비가 되어 있다.

부동산을 취득할 때
부부공동명의를 활용하라

"부동산을 취득할 때 부부공동명의를 활용하면 양도소득세와 종합부동산세를 절감할 수 있습니다. 게다가 덤으로 부부 사이의 금슬도 좋아지니 금상첨화입니다."

_현직 대기업 CEO Y씨(58세)

　　부자들이 자주 사용하는 부동산 절세방법 중 부부공동명의를 활용하는 것이다. 대개 부동산을 취득할 당시에 부부공동명의로 등기하는 경우가 많지만, 처음에는 부부 일방의 명의로 등기한 후 일정기간을 보내고 나서 배우자에게 증여해 공동명의로 바꾸는 경우도 적지 않다. 일반적으로 부부공동명의를 활용하면 양도소득세, 종합부동산세, 종합소득세 등을 절감할 수 있다.

고가 아파트를 부부공동명의로 등기해 절세한 Y씨

얼마 전 Y씨는 지난 20여 년간 살았던 서울 서초구 잠원동 아파트를 매각하고 서초구 반포동 소재 고가 아파트(전용 198m²)를 40억 원에 매입했다. 다만 소유권이전등기는 절세 차원에서 부부공동명의를 활용했다. 인근 고가 아파트에 살고 있던 사촌형으로부터 부부가 공동명의로 등기하면 종합부동산세, 양도소득세를 절약할 수 있다는 조언을 받고 나서 이를 실행으로 옮긴 것이었다. 매년 납부하는 종합부동산세의 경우 배우자와 합산하지 않고 각자 별도로 과세하기 때문에 적지 않은 금액을 절세할 수 있다. 더욱이 정부가 9·13 부동산 대책을 통해 다주택자와 고가 아파트 보유자를 대상으로 종합부동산세를 강화시킬 것이라고 예고해 부부공동명의를 적극 활용키로 했다.

실제로 Y씨는 아내와 함께 부부공동명의로 등기까지 마쳤다. 이에 따라 돌아오는 종합부동산세는 Y씨 단독명의로 등기할 때보다 최소 1천만 원 이상 절감된 금액을 납부할 것으로 예상된다. 절세효과를 톡톡히 기대해도 좋을 듯하다.

Y씨의 사례에서 보았듯이 자산가들은 부동산을 매입할 때 합법적인 절세를 목적으로 단독명의로 등기하는 것보다 부부공동명의로 등기하는 것을 선호하는 경향이 있다. 토지나 주택을 취득할 때 부부공동명의를 활용하게 되면 종합부동산세를 절감할 수 있고, 추후 이들 부동산을 매각할 때 양도소득세마저 절감할 수 있기 때문이다.

부부공동명의로 상가 매입해 절세효과 노린 H씨

최근 몇 년간 우리나라에 저금리 기조가 이어지면서 상가나 오피스텔과 같은 수익형부동산을 취득하려는 사람들 역시 꾸준히 늘고 있다. 하지만 수익형부동산은 처분할 때 양도차익은 물론이고, 매월 규칙적으로 임대소득이 발생하기 때문에 취득시점부터 절세방법을 따져볼 필요가 있다. 특히 급여소득자는 수익형부동산을 사들여 임대소득을 올릴 경우 소득이 발생한 해의 다음 해 5월에 6~42% 세율수준인 종합소득세를 납부해야 한다. 특히 연봉이 높은 근로소득자는 임대소득 때문에 더 높은 세율을 적용받을지도 모른다. 세금부담으로 자칫하면 득이 아닌 실이 될 수도 있다.

부동산 투자로 부자가 되는 게 꿈인 맞벌이 직장인 H씨(48세)는 한 달 전 서울 강남구 대치동 소재 역세권 상가를 7억 원에 매입 계약했다. H씨가 매매 계약한 상가는 2005년 준공된 주상복합빌딩 내 구분상가(분양 56m², 전용 30m²)로 테이크아웃 커피숍이 임차 중이었다. 현재 이 상가의 임대료는 보증금 3천만 원에 월세 250만 원이다. 내달 잔금을 치를 계획인 H씨는 잔금납부와 동시에 법무사를 통해 부부공동명의로 등기할 계획을 갖고 있다. 평소 알고 지내던 세무사로부터 H씨 단독명의로 등기하는 것보다 부부공동명의로 등기하는 게 절세 차원에서 유리하다는 자문을 받았기 때문이다.

사실 맞벌이부부의 경우 H씨처럼 부부공동명의를 활용하는 게 절세에 매우 유리하다. 예를 들어 연봉이 남편은 6천만 원, 아내는 3천만 원인 부부가 상가임대소득을 매월 250만 원(연 3천만 원)을 받는 경우를 생각해보자. 남편 단독명의로 상가를 취득하면 과세표준금액은 종전에 남편 연봉 6천만 원에서 연간 임대소득 3천만 원을 더한 9천만 원으로 상승한다. 과세표준구간이 한 단계 오르면서 세율도 기존 24%에서 35%로 오른다.

하지만 이 부부가 상가를 공동명의로 취득하면 연 임대소득은 부부가 1,500만 원씩 나눠 갖게 된다. 이때 과세표준금액은 남편이 7,500만 원, 아내가 4,500만 원이다. 두 사람 모두 과세표준금액이 크게 변하지 않아 적용세율을 정하는 과세표준구간도 변하지 않는다. 세금부담이 크게 늘어나지 않는 셈이다. 이렇게 되면 남편 단독명의로 상가를 살 때보다 매년 165만 원가량(지방소득세 포함)을 절감할 수 있다.

다만 부부공동명의로 할 경우 증여로 처리될 가능성이 있다. 이는 부부의 다른 재산 대부분이 남편명의로 되어 있는 경우 남편이 아내에게 상가를 증여한 것처럼 보일 수 있기 때문이다. 이럴 땐 배우자 간 6억 원 이하 증여에 대해서 세액공제가 된다는 점을 충분히 활용하면 좋다. 부동산을 취득할 때 부부공동명의로 하면 절세효과로 자산이 증식됨은 물론, 부부 사이의 금실도 좋아지기 마련이다. 그야말로 금상첨화, 일석이조가 아닌가!

부부공동명의로 부동산을 취득하면
양도소득세는 물론, 종합부동산세, 종합소득세 등을
절세할 수 있다.

부동산 매각 시
양도소득세를 절세하라

"부동산으로 돈을 버는 가장 확실한 방법 중 하나는 매각할 때 양도소득세를 절세하는 것입니다. 보유하고 있는 부동산 가운데 어느 시기에 무엇을 먼저 파느냐에 따라 양도소득세를 더 낼 수 있고, 줄일 수도 있으며, 때로는 아예 안 낼 수도 있습니다."

_다주택자 M씨(50세)

일반적으로 부동산시장이 침체기(하락기)에 들어서게 되면 사람들은 자신들이 보유하고 있는 부동산을 매각해 현금화하려는 경향이 있다. 하지만 많은 사람들이 부동산을 매각할 때 양도시기와 순서를 잘 맞추면 절세효과를 충분히 누릴 수 있다는 사실을 간과하고 있는 듯하다. 반면 부동산을 거래해본 경험이 많은 부자일수록 매각시기와 순서를 잘 맞춰 양도소득세 절세효과를 맛본 사례가 적지 않다.

양도차익과 양도손실이 예상되는
다주택 거래, 같은 해에 팔면 절세효과 커

앞서 인터뷰한 M씨는 서울 강남구 수서동 전용 163m²(49평) 아파트와 경기도 용인시 공세동 전용 215m²(65평) 아파트를 1채씩 보유하고 있다. 그 밖에 서울 관악구 봉천동에도 다가구주택 1채를 갖고 있어 총 3채를 보유 중인 다주택자다. 하지만 정작 자신이 보유 중인 주택들은 모두 세놓은 반면, 그녀는 서울 강남구 대치동 전용 84m²(25평) 아파트를 전세 얻어 살고 있다. 2명의 자녀를 위해 '맹모삼천지교'를 실천하고 있는 중이다.

최근 M씨는 보유한 3채 중 1채만 남겨두고, 나머지 2채는 내다팔 계획을 세웠다. 잇따른 정부정책(8·2 부동산 대책 및 9·13 부동산 대책)에 위기감을 느꼈기 때문이다. 양도소득세 중과, 재산세 및 종합부동산세 강화처럼 각종 세금규제가 자신과 같은 다주택자를 주 타깃으로 하고 있는 상황이 부담스럽고, 이에 따라 향후 집값 전망도 어둡게 내다본 것이다.

인근 부동산 중개업소를 탐문해 보유 중인 주택의 매매시세를 확인해보니, 2012년 10억8천만 원에 급매로 매입한 강남구 수서동 아파트는 16억 원(예상 양도차익 5억2천만 원), 2009년 11억9천만 원에 분양받아 입주한 용인시 공세동 아파트는 6억 원(예상 양도손실 5억9천만 원), 2013년 상속받아 임대 중인 봉천동 다가구주택은 19억 원(예상 양도차익 8억 원)이었다.

만일 그녀가 양도소득세를 최대한 줄이려고 한다면 양도차익이 가장 큰 1채(관악구 봉천동 다가구주택)를 뺀 나머지 2채(강남구 수서동 아파트와 용인 공세동 아파트)를 같은 해에 매각하면 된다. 일반적으로 같은 해에 2채이상의 주택을 팔면 양도차익이 누적되어 세 부담이 가중된다. 하지만 M씨처럼 양도차익과 양도손실이 함께 발생할 것으로 예상되는 경우에는 오히려 동일 연도에 파는 게 유리하다. 같은 해에 매각한 주택을 대상으로 국세청이 양도소득세를 매길 때 양도손실이 양도차익에서 차감되기 때문이다. 물론 이럴 경우 절세효과를 톡톡히 보게 되는 그녀다.

사례2

1주택자가 상가주택을 팔 경우, 주택면적이 상가면적보다 크면 비과세혜택

소문난 알부자 J씨(68세)는 2014년 매입한 서울 서초구 반포동 전용 198m² 아파트 1채(매입가 30억 원, 현재 시세 37억 원)와 2007년 매입한 서울 강남구 논현동 5층짜리 상가주택(매입가 35억 원, 현재 시세 75억 원, 대지면적 363m²_110평, 건물 총면적 925m²_280평) 1채를 가지고 있다. 현재 반포동 소재 아파트는 전세로 임대 중이며, J씨 일가족은 논현동 근린상가주택에 거주하고 있다. 논현동 상가주택의 임대내역을 살펴보면, 1층은 편의점과 음식점, 2층은 사무실, 3~4층은 원룸주택, 5층은 일반주택(J씨 일가족 거주)이 자리하고 있다.

J씨는 조만간 서초구 반포동 아파트를 매각할 생각이다. 아파트 매각자금은 구상 중인 신사업에 투입할 예정이다. 만일 서초구 반포동 아파트를 매각하게 되면 강남구 논현동 상가주택 1채만 남게 되어 향후 매각 시 상가부분을 뺀 주택부분에서 1세대 1주택 비과세혜택(9억 원 초과분은 과세)을 받을 수 있게 된다. 즉 상가부분만 양도소득세를 내고 주택부분은 비과세혜택을 누릴 수 있게 된다.

하지만 때에 따라 양도소득세를 대폭 줄일 수도 있다. 공적 장부(등기사항전부증명서)와 현장실사(규모가 큰 부동산의 경우 세무공무원 현장실사도 진행)를 통해 확인된 주택면적이 상가면적보다 클 경우 1주택자로 간주되어 상가주택 전체에 대해 양도소득세 비과세혜택을 받을 수 있기 때문이다. 1주택자일 경우 10년 이상 보유 시 장기보유특별공제를 최대 80%까지 받을 수 있어 상가 30%를 받는 것보다 훨씬 큰 혜택을 받게 된다. J씨 역시 반포동 아파트를 사전에 매각할 경우 명실공히 1주택자로 인정받게 됨에 따라 양도소득세 수억 원을 감면받을 수 있음은 물론이다. 기분 좋게 절세효과를 톡톡히 누릴 수 있는 J씨다.

부동산을 매각할 때
양도시기와 순서를 제대로 맞추면
절세효과를 누릴 수 있다.

시장을 보는 안목을 기르려면
부동산 뉴스를 활용하라

"부동산 투자의 성패는 올바른 정보(정보의 질)를 얼마나 많이 가지고 있는지(정보의 양) 여부에 달려 있다고 해도 결코 과언이 아닙니다. 따라서 부동산 뉴스를 많이 접하고 제대로 활용할 줄 알아야 합니다."

_부동산 뉴스를 활용해 큰돈을 벌었던 D씨(47세)

우리가 부동산 투자정보를 접할 수 있는 가장 흔한 방법은 신문, 잡지, TV, 라디오, 인터넷뉴스 등 각종 언론매체를 통해 부동산 뉴스를 전달받는 것이다. 이때 부동산 투자에 능통한 고수들은 각종 언론매체를 통해 쏟아져 나오는 수많은 부동산 뉴스를 결코 가벼이 흘려보내지 않는다. 그들은 대개 오랫동안 부동산업 또는 부동산 관련업에 종사한 경력을 가진 실전 전문가임에도 평소 부동산 뉴스를 수집하고 정리하며, 한발 더 나아가 부동산 뉴스를 통해 얻은 정보와 부동산 투자와의 연관구조에 관해 끊임없이 연구하고 분석한다. 부동산 뉴스를 오랫동안 접하고 잘 정리하게 되면 시장을 보는 안목을 기를 수 있고, 한발 더 나아가 실전투자 시 남다른 자신감을 가질 수 있기 때문이다.

이러한 이유로 고수들은 부동산 뉴스를 일목요연하게 스크랩해 자기만의 정보로 적극 활용한다. 심지어 어떤 이는 일간신문, 경제신문, 경제잡지, 부동산전문잡지, 경매전문잡지, 건축전문잡지는 물론, 여행전문잡지까지 다양한 매체를 구독 섭렵해 이를 바탕으로 투자에 대한 아이디어를 얻기도 하고 틈새 투자처를 찾아내기도 한다.

재밌는 사실은 부동산 부자들 가운데 적지 않은 사람들이 고수들과 마찬가지로 부동산 뉴스를 접하고 활용하는 데 탁월한 능력을 발휘하고 있다는 점이다. 그들은 부동산 뉴스를 활용해 재개발·재건축 아파트를 고르고, 신도시 아파트 분양정보를 얻기도 하며, 지역개발 정보와 정부의 부동산 정책을 지켜보고 있다. 이에 그치지 않고 한발 더 나아가 준비된 자금력을 바탕으로 부동산 뉴스를 실전투자로까지 연결시키고 있다.

부동산 뉴스를 수집하고 적절히 활용하는 방법들

그렇다면 이처럼 다양한 언론매체를 통해 연일 쉼 없이 쏟아져 들어오는 수많은 부동산 뉴스를 어떻게 수집하고 활용해야 할까? 여기서 부동산 뉴스를 제대로 활용할 수 있는 방법을 살펴보자. 이 5가지

방법을 명심하자.

첫째, 각종 통계 뉴스와 지수분석 뉴스는 부동산 투자의 나침반이다. 인구주택총조사, 주거실태조사, 주택보급률, 지가변동률, 청약통장가입현황, 전국미분양주택현황, 오피스빌딩 분기별 공실률 추이, 매장용빌딩 연간 투자수익률, 주택전세가격지수, 공동주택 매매 실거래가격지수, 부동산시장 소비자심리지수, 건축허가 및 착공 등 각종 통계자료를 근거로 작성된 뉴스를 분석해보면 향후에 전개될 부동산시장의 변화와 전망을 어렵지 않게 예측해볼 수 있다. 국토교통부, 기획재정부, 통계청, 한국은행, 한국감정원, 한국건설산업연구원 등 공신력이 담보된 정부기관 또는 유관기관이 조사해 취합하고 분석한 자료인 만큼 객관적인 투자정보로 활용할 수 있다.

둘째, 현장탐방 뉴스는 지역흐름을 읽는 척도다. 누구나 흔하게 접할 수 있는 현장 속에서 실전용 부동산 투자정보를 얻어내는 게 그다지 어려운 일은 아니다. 일간신문의 경우 경제, 정치, 사회, 문화면 속에서도 부동산시장을 읽어내는 단서들이 숨어 있다.

그런 점에서 현장탐방류의 기사들은 매우 유용하다. 특히나 현장출동, 현장탐방, 현장패트롤, 지역정보, 발품정보 등과 같은 타이틀로 기자가 전문가를 대동해 발품 팔아 쓴 정보는 해당 지역의 부동산 흐름을 읽을 수 있는 살아 있는 정보이니 눈여겨보자. 현장탐방 뉴스를 통해 독자들은 직접 현장을 가보지 않고서도 현장을 손쉽게 파악할 수 있게 된다.

자산을 늘리는 마중물이 되려면 정보의 옥석을 가려야 한다

셋째, 지방신문 뉴스는 그 지역의 개발정보를 알려준다. 보통 지방 도시마다 자기 고장을 대변하는 지방신문들이 있다. 특히 지방신문 이 제공하는 그 지역의 개발에 관련된 정보는 중앙 일간신문보다 훨 씬 깊이 있고 신뢰성도 있다. 다소 국지적이지만 사실적 정보에 기초 한 신문기사는 도시개발계획, 교통 및 도로계획, 공장유치계획, 관광 지개발계획 등과 같은 다양한 고급정보들로 가득하다. 더욱이 기사의 행간을 꼼꼼히 읽다 보면 그 지역의 알짜 개발정보를 얻을 수도 있어 이런 기사들을 잘 정리해둔다면 남들보다 한발 앞서 투자에 활용할 수 있다. 만일 직접 매체(지방신문)를 구하기 힘들다면 인터넷 검색을 통해 해당 신문이 제공하는 뉴스를 취합하면 될 것이다.

넷째, 분양 뉴스와 광고도 수급파악에 유용한 투자정보다. 분양소 식, 분양뉴스, 분양단신, 분양광고 등을 꼼꼼히 살펴보면 지역 부동산 시장의 수급과 동향을 파악할 수 있다. 물론 분양광고는 건설사나 분 양업체가 부동산의 판매촉진을 위한 마케팅활동의 일환으로 소비자 에게 널리 알리기 위한 홍보자료지만 최근의 공급시장의 동향과 트 렌드를 알아내는 데 유용하다. 만일 수개월 동안 동일한 내용의 분양 광고가 지속되고 있거나 특정상품이 계속해서 홍보기사로 흘러나오 고 있다면 과잉공급에 따른 미분양상태이거나 지역경제사정이 나빠 미분양상태가 이어지고 있음을 보여주는 반증으로도 볼 수 있다.

끝으로, 부동산 뉴스 가운데 옥석을 가릴 줄 알아야 한다. 방송, 신문, 잡지, 인터넷 등과 같은 각종 언론매체에서 제공하고 있는 다양한 부동산 뉴스는 분명코 투자자에게 정보가이드로서의 역할을 하고 있다. 하지만 부동산 뉴스가 항상 올바른 정보, 정확한 정보만을 제공하고 있는 것이 아니라는 점도 기억할 필요가 있다. 만일 그릇된 투자정보나 광고성 정보를 제공하고 있는 부동산 뉴스를 100% 믿고 섣불리 투자를 결정한다면 오히려 실패를 부를 수 있다. 그릇된 투자정보나 광고성 투자정보를 제공하고 있는 부동산 뉴스들은 대개 기사제목부터 매우 선정적이고 자극적이다.

올바른 투자정보는 자산을 늘려주는 소중한 마중물이 되지만, 그릇된 투자정보는 패가망신을 앞당길 수 있음에 유의해야 한다. 실제로 사이비성 언론매체에서 제공하는 그릇된 투자정보를 믿고 맹목적으로 투자를 실행했다가 낭패 보는 경우도 적지 않다. 발품 파는 현장답사를 통해 부동산 뉴스를 검증하는 옥석가리기가 필요한 이유다.

부동산 뉴스를 활용하라.

우리가 원하는 수많은 정보를 얻을 수 있다.

부동산 투자도
취사선택하라

〜〜〜〜〜〜〜〜〜〜〜〜〜〜〜〜〜〜〜〜〜〜〜〜〜〜〜〜〜〜

"부동산을 많이 보유했다고 해서 무조건 좋은 것만은 아닙니다. 미래가치를 중심으로 돈이 되는 부동산과 그렇지 못한 부동산을 골라내 취할 것은 취하고 버릴 것은 미련 없이 버릴 줄 알아야 합니다."

_전직 대치동 학원장 출신 부동산 부자 B씨(55세)

〜〜〜〜〜〜〜〜〜〜〜〜〜〜〜〜〜〜〜〜〜〜〜〜〜〜〜〜〜〜

　부동산 투자에서도 취사선택(取捨選擇), 이른바 '옥석 고르기'는 필요하다. 지난 수십 년간 아파트, 토지, 재개발·재건축, 분양권, 상가, 아파트형공장, 상가빌딩, 오피스빌딩 등 시대에 따라, 시기에 따라 다양한 유형의 부동산에 투자해 큰돈을 벌었던 B씨였지만 매사 100% 투자성공을 보장받은 것은 아니었다. 그녀 역시 여느 부동산 투자자와 마찬가지로 잘못된 투자로 손해를 본 뼈아픈 경험을 가지고 있었다.

　그럼에도 불구하고 그녀가 부동산 투자로 큰돈을 벌 수 있었던 것은 투자 전후로 돈이 되는 부동산과 그렇지 못한 부동산을 솎아내 취할 것은 취하고 버릴 것은 미련 없이 버리는 취사선택에 능했기 때문이었다. 실제로 부자들 중 부동산 투자로 큰돈을 번 사람들은 투자시점을 전후해 취사선택에 힘썼던 사람들이었다.

투자 초반 취사선택에 실패해
쓴맛을 보게 된 B씨

어릴 때부터 수재라는 소리를 심심찮게 듣고 자랐던 B씨는 명문대 수학과를 졸업한 직후 잠시 중등교사생활을 하기도 했지만, 남보다 빠른 30대 초반의 나이에 교사생활을 은퇴하고 서울 강남구 대치동에서 수학전문학원을 차렸다. 다행히 개원한 학원은 생각보다 잘 되었고, 덕분에 제법 큰돈을 모을 수 있었다.

평소 부동산 투자에 적지 않은 관심을 가지고 있었던 B씨는 어느 날 학원에서 벌어들인 돈을 종잣돈 삼아 아파트 분양권에 투자했다. 그 이후로도 수차례에 걸쳐 다양한 유형의 부동산을 사고팔게 되면서 부동산 투자에 나름 일가견을 가지게 된 B씨. 하지만 그녀 역시 부동산 투자 초창기에는 취사선택을 제대로 하지 못해 심하게 마음고생한 적도 있었다. 사연은 이랬다.

15년 전 어느 날, 지인의 소개로 알게 된 부동산 중개업자로부터 아파트 개발정보를 듣게 되었다. 부동산 중개업자는 그녀에게 경기도 남양주시 소재 아파트 개발용 토지(지목: 전)를 소개하며 자신을 통해 495m²(150평)를 3.3m²당 200만 원에 사두면 향후 5년 안에 3배 이상

오를 것이라는 말과 함께 아직 소문단계인 아파트 개발정보를 슬쩍 흘려줬던 것이다.

문제는 당시만 해도 지금과 달리 부동산에 문외한이었던 그녀였기에 스스로 취사선택할 능력이 부족했다는 데 있었다. 결국 B씨는 부동산 중개업자의 감언이설에 속아 넘어갔고, 투자제안을 아무런 의심 없이 받아들이게 되었다. 설상가상으로 B씨는 학원 일이 바쁘다는 이유로 현장답사조차 제대로 하지 않은 채 투자를 실행했으니 그저 안타까울 뿐이었다.

나중에 알게 된 사실이었지만 그 당시 시세(3.3m²당 80만 원 전후)의 2.5배를 주고 부동산 중개업자가 제안한 토지를 겁 없이 매입했던 것이다. 그 뒤 2008년 하반기 글로벌 금융위기가 닥치자 주택경기침체로 건설사들이 줄줄이 부도나면서 한동안 해당 지역을 중심으로 소문으로 떠돌던 대단지 아파트 개발사업계획은 흔적도 없이 사라졌다. 그녀로서는 큰 낭패가 아닐 수 없었다. B씨가 매입한 토지는 복덩이가 아닌 애물단지로 전락하고만 셈이었다.

과감히 버리는
부동산 옥석 고르기가 필요하다

만시지탄(晩時之歎)이라 했던가! 뒤늦게 잘못된 투자임을 알게 된 B씨. 부동산을 잘 아는 지인들로부터 해당 토지는 가격회복 가능성이 매우 적으니 당장 처분하는 게 좋겠다는 조언까지 들어야 했다. 하지만 속아서 산 것이 억울했던 그녀로서는 매입가격 수준에 크게 못 미치는 가격에는 매물로 내놓고 싶지 않았다.

하지만 시간이 흘러 십수 년이 지나갔음에도 가격회복이 전혀 이루어지지 않았고, 오히려 거래마저 끊길 위기에 처한 적도 많았다. B씨는 고민을 거듭한 끝에 거래가능한 시세 대로 토지를 팔기로 결심했고, 다소 늦었지만 2009년 늦가을 3.3m²당 50만 원에 사겠다는 매수자를 만나 처분할 수 있었다. 하지만 그녀로서는 결코 잊을 수 없는 악몽 그 자체였다.

한 가지 다행스러운 점은 투자실패라는 값비싼 수업료를 낸 덕분인지 B씨는 돈이 되는 부동산과 그렇지 못한 부동산을 골라내 취할 것은 취하고 버릴 것은 과감히 버리는 부동산 옥석 고르기, 즉 부동산 취사선택에 비로소 눈을 뜨게 되었다는 사실이었다. 그 후로도 B씨는 몇 차례 부동산 투자를 이어갔고, 이를 통해 큰돈을 벌 수 있었다.

2010년 서울 마포구 합정동 상가주택 투자(매입가 28억 원, 2019년 현재 시세 60억 원), 2012년 서울 송파구 방이동 상가빌딩 투자(매입가 55억 원, 2019년 현재 시세 90억 원), 2015년 서울 강남구 역삼동 오피스빌딩 투자(매입가 90억 원, 2019년 현재 시세 120억 원) 등은 B씨의 부동산 취사선택이 가져다준 대표적인 투자 성공사례였다.

부동산으로 큰돈을 벌고 싶다면
돈이 되는 부동산과 그렇지 못한 부동산을 골라내
취할 것은 취하고 버릴 것은 버림으로써
손실은 최소화하고 이익을 극대화하는
취사선택 능력을 키워야 한다.

부자들의 관심을 받는
부동산 신탁을 활용하라

"보유 중인 부동산을 남겨두고 해외 장기체류를 하게 될 경우, 가족 간 소유권분쟁이 우려될 경우, 임대 중인 부동산을 관리할 여력이 안 될 경우에는 은행을 통한 부동산 신탁을 활용하면 좋습니다. 부동산 신탁은 은행의 공신력과 신탁이라는 제도적 장점을 동시에 활용할 수 있어 적지 않은 자산가들이 애용하고 있습니다."

_부동산 갑부로 소문난 거액자산가 A씨(72세)

동서고금을 막론하고 자산관리를 논함에 있어 부동산을 빼놓을 수는 없다. 특히 우리나라 부자들의 경우 전체 자산에서 차지하는 부동산 보유 비율 70%를 넘나들고 있을 정도로 의존도가 높은 편이다. 그들에게 부동산 문제가 늘 이슈의 중심이 되고 있는 현실이 이를 잘 반영해주고 있다.

최근 몇 년 사이 국내 부동산시장이 냉탕과 온탕을 오가면서 변동성이 확대되자 평소 부동산 관리문제로 고심하고 있던 부자들을 중심으로 부동산 신탁에 대한 관심도가 높아지고 있다. 다만 부자들이 부동산 신탁에 관심을 보이는 이유는 부동산의 유형 및 개인상황에 따라 다소 다르다.

부동산 신탁이란 소유자가 소유권을 신탁회사(시중은행 또는 전문신탁회사)에 이전하고 신탁회사는 소유자의 의견(관리, 처분, 담보, 개발 등 부동산 관련 일체)에다 신탁회사의 전문지식을 결합해 부동산을 효과적으로 관리하고 개발, 운용해 그 이익을 소유자에게 되돌려주는 제도를 말한다. 대개 부자들은 자신들이 거래하는 시중은행을 통해 보유 중인 부동산을 신탁하려는 경향이 있다.

관리신탁

해외 장기체류 예정인 Y씨, 오피스빌딩 관리는 주거래은행에게

서울 강남구 삼성동에 위치한 시세 350억 원짜리 오피스빌딩을 보유하고 있는 빌딩부자 Y씨(53세). Y씨와 마주한 사람은 그가 건넨 명함을 통해 유명 다국적기업의 마케팅담당 전무임을 쉽사리 알 수 있다. 건축물관리대장을 통해 Y씨가 소유한 오피스빌딩의 현황을 살펴보면, 대지 993m²(310평, 제3종일반주거지역), 건물 총면적 4,960m²(1,500평) 규모의 지하 2층~지상 8층짜리 오피스빌딩이며, 준공일자는 1995년 7월임을 확인할 수 있다. 한편 등기사항전부증명서(구 부동산등기부등본)의 열람을 통해 소유권 등 법적권리관계를 살펴보면, 해당 빌딩은 Y씨와 연로하신 그의 모친이 공동으로 소유하고 있음을 알게 된다. 따라서 해당 빌딩의 관리와 운용은 언제나 Y씨의 몫이었다.

그런데 최근 Y씨와 그의 일가족에게 예상치 못한 위기가 찾아왔다. 조만간 Y씨가 미국 본사로 최소 3년 이상의 장기근무를 떠나야 할 입장이 된 것이다. 하지만 자신이 해외에 장기체류할 경우 당장 해당 빌딩을 관리 운용할 마땅한 사람이 없기에 Y씨의 고민은 깊어질 수밖에 없었다.

다행히 그의 고민은 오래가지 않았다. 주거래은행으로부터 해당 빌딩의 관리와 운용을 맡아주겠다며 부동산 관리신탁을 제안받았고, 결국 3차례의 미팅 과정을 통해 해당 빌딩의 관리를 맡기기로 결정했다. 매월 약간의 비용(관리신탁 수수료, 월임대료의 5~6%선)이 발생되겠지만, 믿을 만한 주거래은행의 부동산 관리신탁 서비스를 활용하게 되면 해외장기체류 시에도 보유 빌딩을 안심하고 맡길 수 있다고 확신한 그였다.

담보신탁

담보신탁을 활용한 대출 통해
이자비용을 절감하게 된 K씨

중견기업체 오너이자 최고경영자인 K씨(62세). 평소 월세가 나오는 수익형부동산 투자에 관심이 많았던 그는 얼마 전 알고 지내던 부동산 중개업자로부터 서울 서초구 양재동 소재 5층짜리 상가빌딩(대지면적 248m²_75평, 건물 총면적 529m²_160평, 제2종일반주거지역, 2005년 준공)을 45억 원에 소개받았다. 임대수익률은 연 4.3% 수준으로 다소 아쉬웠지만, 대로변에 소재해 있고 인근 개포주공 아파트 재건축 개발에 따른 후광효과로 향후 토지 가격 상승도 기대되어 큰 고민 없이 매수하기로 결심했다. 다만 부족한 자금 15억 원은 주거래은행을 통해 근저당권 대출을 신청할 생각이었다.

K씨는 매매계약을 체결한 다음 날 오전 일찍 회사 인근에 위치한 주거래은행을 찾아가 부족한 매매대금 15억 원을 저렴한 금리로 대출받을 수 있는 방안을 문의했고, 이때 은행의 대출담당자가 제시한 방안은 다소 생소했지만 추가 금리할인이 가능한 상품, 즉 담보신탁을 이용한 대출이었다.

일반적으로 담보신탁(기간은 5년 원칙이나 협의조정 가능)을 통해 대출을 받을 경우 근저당권 대출에 비해 금리가 0.2~0.3%가량 저렴하다. 물론 은행은 근저당권 대출에 비해 다소 저렴하게 대출해주는 만큼 담보신탁 설정 시 수수료 명목으로 수익권증서 발행가액(채권최고액)의 0.3%선에서 수수료를 징수한다.

하지만 2~3년 이상 장기로 대출을 유지할 경우라면 할인받은 대출금리가 담보신탁 수수료를 상회하고도 남기에 담보신탁은 이들 대출신청자에겐 매력적인 상품임이 틀림없다. 최소 5년이라는 대출기간이 필요한 K씨로서는 담보신탁을 활용한 대출을 통해 수백만 원이상의 대출비용을 절감할 수 있게 되었다.

자녀들 간 재산다툼으로
안전한 부동산 매각 위해 활용

자수성가형 알부자 L씨(80세)의 가족은 동갑내기인 아내와 출가한 딸 1명, 그리고 아직 미혼인 아들 2명 등 모두 5명이다. 비교적 젊은 나이인 30대 초반, 선친의 공장을 물려받아 경영해온 그는 큰 고비 한 번 없이 사업이 잘 되어 비교적 큰돈을 만질 수 있었다. 돈이 생길 때마다 틈틈이 부동산을 매입했던 까닭에 지금은 서울 강남권을 중심으로 수백억 원대 빌딩 3채를 보유한 갑부로 알려져 있다.

하지만 최근 그에게도 걱정거리가 하나 생겼다. 건강이 크게 나빠지면서 아내와 자녀들에게 자신의 재산을 온전히 물려줘야 한다는 강박증이 생긴 것이다. 게다가 자녀들은 빌딩을 관리하고 운용하는 데 전혀 관심을 보이지 않으면서 오히려 재산다툼까지 시작해 걱정이 태산이다. L씨는 고심한 끝에 보유 중인 빌딩들을 모두 매각한 후 현금화해 아내 및 자녀들에게 공평하게 나눠주기로 결심했다. 재산 문제가 골육상쟁으로 확대되는 꼴을 보고 싶지 않았던 그였다.

때마침 지인의 권유로 은행의 부동산 처분신탁 서비스를 소개받게 된 그는 이를 활용해 보유 중인 빌딩들을 모두 매각하기로 했다. 이는 공신력 있는 은행이 신탁받은 부동산의 처분과 관련해 매수 희망자와 가격 및 거래조건을 대신해 협상해주고, 아울러 매각을 진행하는 사이에 혹여 발생할지도 모를 가압류, 가처분, 강제집행 등으로부터 부동산을 온전히 보전해줄 수 있다고 생각되었기 때문이었다

부동산의 관리에서

대출 및 처분에 이르기까지 다양한 기능을 가지고 있는

은행의 부동산 신탁 서비스를 활용하라.

부자들에게는 그들만의
투자원칙이 있다

"부자들에게는 그들만의 투자원칙이 있습니다. 물론 부자들마다 부동산을 대하는 방법에 있어 내용적으로는 다소 차이를 보이기도 하지만 제각각 자신만의 투자원칙과 소신을 간직하고 있습니다."

_전직 재단이사장 출신 강남 빌딩부자 K씨(68세)

필자는 지난 십여 년간 시중은행의 부동산 전문가로서 대한민국의 내로라하는 수많은 부자들을 만나 보았다. 그리고 그들로부터 한 가지 공통점을 발견할 수 있었다. 그것은 다름 아닌 "부자들에게는 그들만의 투자원칙이 있다"라는 것이었다. 비록 서로 다른 생각과 모습을 보였지만, 부자들은 부동산에 투자할 때 저마다 자신만의 투자원칙과 소신을 간직하고 있었다는 점에서는 똑같아 보였다.

남들이 '노'라고 대답할 때 '예스'라고 응답한다

지난 14년간 수차례의 역발상 부동산 투자로 평범한 가정주부에서 부동산 부자로 거듭난 A씨(48세). 남들이 모두 '노(NO)'라고 말할 때 자신은 '예스(YES)'라고 응답하는 과감한 역발상 투자를 통해 기록적인 수익을 올릴 수 있었다.

그녀가 부동산 투자에 본격적으로 관심을 가지게 된 시기는 버블세븐 지역 아파트 매매가격이 급등세를 보였던 2005년도였다. 당시는 지금과 달리 수도권을 중심으로 아파트 가격이 천정부지로 치솟던 때였고 많은 사람들이 재테크로 아파트 투자에 몰두하던 시기였다. 하지만 그녀의 생각은 남달랐다. 거품이 잔뜩 낀 아파트에 투자하는 대신 오히려 대지가 넓은 도심지 역세권 단독주택 투자에 관심을 가지고 있었다. 그러던 어느 날 서울 강남구 논현동에 소재한 허름한 단독주택이 매물로 나오자 조금의 망설임도 없이 투자를 감행했다.

결과적으로 그녀의 판단은 옳았다. 2009년 7월 인근에 지하철 9호선(신논현역)이 본격 개통되면서 상권이 크게 확장되자 해당 지역의 부동산 가격은 매도호가가 시세일 정도로 급등세를 보였다. 2015년 3월 9호선 2단계구간 개통에 이어, 2018년 12월 3단계 구간 개통까지 이어지면서 지금은 건물을 신축할 수 있는 나대지나 노후 단독주택은 가격을 불문하고 매물이 없어 거래를 못할 만큼 매우 귀한 존재가 되었다.

값싸게 매입하는 것이
최고의 부동산 투자다

서울 곳곳에 수백억 원대 빌딩 3채를 가지고 있는 B씨(65세). 최고의 부동산 투자는 가장 값싸게 매입하는 것이라는 이른바 '부동산 가치투자'로 내로라하는 갑부의 반열에 오른 인물이다.

가치투자를 최고의 부동산 투자원칙으로 삼고 있는 B씨는 우량물건을 시세보다 값싸게 매입할 수 있는 초급매물, 경·공매물, 부실채권(NPL)매물, 대물변제매물, 미분양할인매물, 개인상속매물, 기업구조조정매물 등을 선호한다. 이러한 B씨의 독특한 투자원칙(우량물건을 시세보다 20~30% 이상 값싸게 매입하기)은 실제 투자로도 이어졌고, 그때마다 좋은 결과를 가져왔다. 시세보다 값싸게 매입하는 것이야말로 최고의 부동산 투자덕목이라고 여기고 실행해온 B씨였다.

달걀을 한 바구니에
담지 않는다

코스닥 상장을 앞둔 알짜배기 IT기업을 경영하고 있는 C씨(52세). 겉으로 보기에는 부동산 투자와 무관할 것 같은 그였지만, 토지·상가·빌딩·재건축 아파트 등 현재 소유하고 있는 부동산만 어림잡아 수백억 원대에 이른다. 누가 봐도 부동산 부자다.

다만 C씨 역시 다른 부자들과 마찬가지로 자신만의 독특한 투자원칙을 고수하고 있는데, 흔히들 말하는 '몰빵투자'는 절대로 하지 않는다는 것이다. 즉 그가 여태껏 부동산 투자로 별 탈 없이 승승장구할 수 있었던 데는 아무리 좋아 보이는 투자지역, 아무리 좋아 보이는 투자물건이라도 "달걀을 한 바구니에 담지 마라"는 포트폴리오식 투자원칙(분산투자원칙)을 철저히 지켜온 덕분이었다.

유형4
현재가치가 아닌 미래가치에 투자한다

한때 빌라 건축업으로 큰돈을 벌었던 D씨(70세) 또한 남들이 부러워하는 부동산 알부자다. 그에게는 확고한 부동산 투자원칙이 하나 있다. 다름 아닌 미래가치가 높은 부동산에만 투자한다는 것이었다. 즉 현재의 임대수익률이나 당장의 시세차익에 연연하기보다는 오랜 시간이 흐른 뒤 큰 폭의 차익을 노릴 수 있는 부동산에 투자한다.

일반적으로 부동산에 투자할 때 평범한 투자자들은 단기적 안목에 갇혀 있어 눈앞의 이익(임대수익률·저가매입 등)에만 급급한 나머지 장기적 안목으로 미래가치에 투자하는 것을 버거워 하거나 피하려 한다. 하지만 시쳇말로 부동산으로 큰돈을 벌어봤다는 부자들은 향후 발전 가능성을 내다보고 미래가치에 투자하려는 성향이 강하다.

사실 D씨는 이른바 '금수저'라고 불리는 태생적 부자는 아니었지만 건축업자라는 직업의 특성상 건물 준공 이후 변화한 부동산 가치를 예상하고 분석하는 기회를 접할 수 있었다. 이런 값진 경험 덕분에 부동산 투자 시 미래가치를 내다보고 투자하는 자신만의 투자원칙을 갖게 되었다.

유형5

부동산시장에서도 타이밍에 투자한다

갑부로 소문난 부동산 부자 E씨(61세). 그녀는 이른바 '타이밍 투자' 예찬론자다. 사실 타이밍 투자라는 말은 부동산시장보다는 금융시장을 통해 흔하게 접할 수 있다. 시황에 따라 급변하는 주식이나 채권 같은 금융상품의 경우 매수나 매도 타이밍이 정말 중요하기 때문이다.

그런데 부동산에 투자할 때도 마찬가지다. 비록 부동산은 금융상품과 달리 실물이지만 세금과 깊이 연관되어 있어 비교적 장기간의 보유가 필요하다는 점, 대출규제 및 금리변동이 정부정책과 민감하게 연동된다는 점에서 투자의 성공과 실패가 타이밍에 좌우될 수 있기 때문이다.

부동산 투자는 타이밍에 투자하는 것이라고 거듭 강조하는 E씨는 특히 냉탕과 온탕을 반복하는 정부정책에 능동적으로 대응해 투자하라고 조언한다. 실제로 그녀는 정부정책에 발맞춰 빠르게 대응한 덕분에 부동산 투자로 자산증식을 이룰 수 있었다.

일례로 IMF 외환위기 당시 김대중 정부의 부동산시장 활성화 조치에 발맞춰 법원경매로 사들인 강남빌딩에서부터 지방분권화를 내세운 노무현 정부 시절 혁신도시·기업도시 개발에 대응한 토지매입, 박근혜 정부 시절 재건축연한 단축(2014년 9·1 부동산 대책, 40년 → 30년)에 기대한 재건축 아파트 투자, 그리고 문재인 정부가 내놓은 다주택자 주택임대사업자등록 혜택 등은 정부정책을 타이밍 투자와 연계시킨 E씨만의 부동산 투자원칙이었다.

유형6
먼저 의심하고
직접 눈으로 확인한다

사채업자 출신 부동산 알부자 F씨(75세)에 따르면 모든 비즈니스의 성공은 의심하고 확인하는 데서 출발한다. 특히 부동산 투자의 경우 거액의 자금이 들어갈 수밖에 없다는 점에서 두말하면 잔소리다. 실제로 우리는 부동산 중개업자나 매도자의 말만 믿고 별도의 확인절차 없이 섣불리 투자에 나섰다가 낭패 봤다는 사람들을 주변에서 어렵지 않게 만나볼 수 있다.

F씨는 직업의 속성상 일반인들보다 부동산 매물을 접할 기회가 많은 편이다. 친분 있는 부동산 중개업자들로부터 소개받는 정상적인

매물은 물론, 채권확보 차원에서 넘겨받는 비정상적인 매물까지 그야말로 다양하다.

F씨는 몇 해 전 그린벨트(개발제한구역)로 묶여 있던 일단의 수도권 토지를 매입했다. 당시 부동산 중개업자는 해당 토지를 그에게 소개하면서 "비록 지금은 그린벨트로 묶여 있지만, 인근에 대규모 택지개발이 진행되고 있으므로 이곳도 조만간 해제될 것"이라고 말했다. 토지매입을 제안받은 F씨는 평소 자신만의 투자원칙대로 조금이라도 의심나는 점들은 직접 눈으로 확인하길 되풀이했고, 심지어 해당 지방자치단체를 방문해 개발제한구역 해제 가능성을 직접 탐문하기도 했다. 결국 시간의 문제일 뿐, 그린벨트 해제 가능성이 농후함을 확인한 그는 해당 토지를 매입했고, 그 덕분에 원하던 결과를 얻을 수 있었다.

유형7

상황에 맞게 전문가를 활용한다

빌딩부자로 소문난 병원장 G씨(59세)에게 최고의 투자원칙은 전문가를 활용하자는 것이다. 평소 바쁜 일과로 부동산 투자에 많은 시간을 쏟아부을 수 없었던 그가 빌딩부자로 거듭날 수 있었던 것은 전문가를 충분히 활용했기에 가능한 일이었다.

실제로 G씨는 빌딩을 사고팔 때 사전에 반드시 부동산 전문가로부터 시황분석, 상권분석, 물건분석, 가격분석 등을 상세히 브리핑 받았음은 물론, 지인을 통해 추천받은 세무사로부터 취득세, 양도세, 임대사업자등록, 사전증여, 임대 시 경비처리문제 등을 충분히 상담받았다. 아울러 변호사로부터 계약내용에 관한 충분한 자문을 받은 후 계약을 체결했다. 전문가 활용이 그를 빌딩부자로 이끌어준 셈이었다.

한국의 부자들은 부동산을 대하는 방법에서
내용적으로는 다소간의 차이를 보였지만,
자신만의 확고한 투자원칙과 소신을
간직하고 있다는 점에서는
서로 닮아 있었다.

한국의
부동산
부자들

초판 1쇄 발행 2019년 8월 20일

지은이 이동현
펴낸곳 원앤원북스
펴낸이 오운영
경영총괄 박종명
편집 최윤정 · 김효주 · 채지혜 · 이광민
마케팅 안대현 · 문준영
등록번호 제2018-000058호(2018년 1월 23일)
주소 04091 서울시 마포구 토정로 222 한국출판콘텐츠센터 306호 (신수동)
전화 (02)719-7735 | **팩스** (02)719-7736
이메일 onobooks2018@naver.com | **블로그** blog.naver.com/onobooks2018
값 16,000원
ISBN 979-11-7043-008-7 03320

※ 원앤원북스는 독자 여러분의 소중한 아이디어와 원고 투고를 기다리고 있습니다.
원고가 있으신 분은 onobooks2018@naver.com으로 간단한 기획의도와 개요, 연락처를 보내주세요.